スピードチェック！　介護福祉士　一問一答問題集 '25 年版

「介護福祉士 法改正と完全予想模試'24 年版」収録の予想問題が第 36 回本試験でズバリ的中!! しました。

コンデックス情報研究所では、長年の過去問題の分析結果に基づき予想問題を作成しております。その結果、2024 年には、以下のように予想問題と同じ問題が本試験で多数出題されました。本書はその経験と研究の成果を活かして編集された書籍です。

本試験問題　問題 13
〈障害者差別解消法〉
1　法の対象者は，身体障害者手帳を交付された者に限定されている。（正解は×）

完全予想模試①　問題 12
〈障害者差別解消法〉
5　対象となる障害者は，障害者手帳を所有している者に限られる。（正解は×）

本試験問題　問題 70
〈社会奉仕の精神をもって，
助を行い，社会福祉の増進に
1　民生委員（正解は○）

完全予想模試①　問題 73
〈保健・医療・福祉に関連す
5　民生委員は，常に住民の
うフォーマルな社会資源の

本試験問題　問題 103
〈デスカンファレンス〉
4　亡くなった利用者の事例を振り返り，今後の介護に活用する。（正解は○）

完全予想模試②　問題 101
〈デスカンファレンス〉
4　介護福祉職自身の振り返りに活かすことができる。（正解は○）

的中問題続出 !!

本試験		ズバリ的中!!	完全予想模試	
本試験問題	14-2		完全予想模試②	問題 9-2
本試験問題	[illegible]		完全予想模試②	問題 9-1
本試験問題	21-5		完全予想模試①	問題 90-3
本試験問題	85-2		完全予想模試②	問題 82-2
本試験問題	86-1		完全予想模試①	問題 85-5
本試験問題	107-4		完全予想模試②	問題 [illegible]
本試験問題	107-1		完全予想模試②	問題 112-5

他　多数 !!

『介護福祉士 法改正と完全予想模試 '25 年版』は 2024 年 7 月頃に発売予定！

本書の使い方

本書は、介護福祉士試験によく出る内容を、一問一答形式でまとめた問題集です。答えやポイントを隠せる赤シート付きなので、効率的に試験範囲の知識を定着させることができます。

※本書は、2025 年 1 月に実施予定の第 37 回介護福祉士筆記試験を対象とした書籍です。

チェック欄

正解した問題は□に印をつけるなどして活用してください。

○×問題

一問一答形式の問題です。記述の内容が正しいか誤っているかを考えましょう。

マーク

本試験で高頻度に出題されている問題につけています。

毎年出題されるわけではありませんが、項目内でおさえておきたい問題につけています。

法改正や介護報酬などの最新情報を含む問題につけています。

Lesson 41 福祉用具の意義と活用

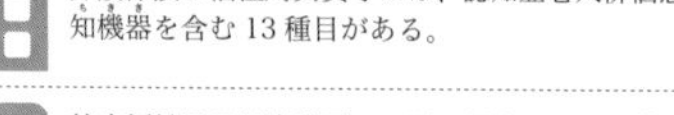

問1 介護保険の福祉用具貸与には、認知症老人徘徊感知機器を含む 13 種目がある。

問2 特定福祉用具販売計画は、既に居宅サービス計画が作成されている場合、その居宅サービス計画の内容に沿って作成しなければならない。

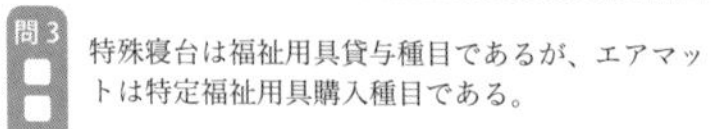

問3 特殊寝台は福祉用具貸与種目であるが、エアマットは特定福祉用具購入種目である。

問4 自動排泄処理装置は、交換可能部品も含め、福祉用具貸与の対象となる。

問5 水洗ポータブルトイレは、特定福祉用具販売の対象となる。

問6 介助用電動車いすは、福祉用具貸与の対象とならない。

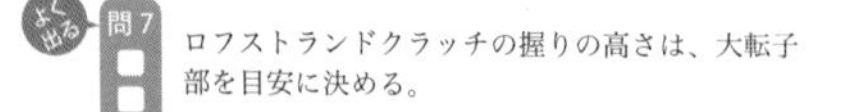

問7 ロフストランドクラッチの握りの高さは、大転子部を目安に決める。

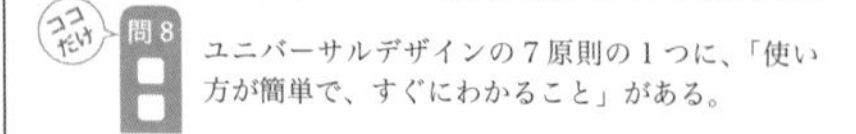

問8 ユニバーサルデザインの 7 原則の 1 つに、「使い方が簡単で、すぐにわかること」がある。

158

重要ポイントを表でまとめてチェック！

特に覚えておきたい重要な項目をコンパクトに表形式でまとめています。各分野のポイントの内容を試験直前に再確認しておきましょう。

表で 重要ポイントを まとめてチェック！

■コミュニケーションにおける基本的技術

自己覚知	援助者が自分自身の性格、行動傾向、価値観、感情などを客観的に認識すること。
ラポールの形成	対人援助において、援助者と利用者の人間関係の土台として重要視されるもの。
受容	相手のあるがままの姿を受け入れることを意味する。介護現場では、援助者が利用者の性格や言動などを受け入れて接すること。
共感的理解	対人援助において、援助者が利用者の感情を理解し、その感情に寄り添うこと。

■コミュニケーションの種類

言語的コミュニケーション	反復、要約、感情の反射などの技術がある。
非言語的コミュニケーション	表情、身ぶり、視線、対人距離などの種類がある。
準言語	声の高さ、声の大きさ、話す速さ、言葉遣いなどの語調をいう。

■バイステックの7原則

個別化の原則	利用者を個別的にとらえて問題解決を図ること。
受容の原則	利用者の性格や行動傾向などをあるがまま受け入れること。
意図的な感情表出の原則	利用者が、自分の考えや感情を表現できるように支援すること。
統制された情緒的関与の原則	援助者は、利用者が表出した感情に対して感情的にならずに適切に情緒的関与を行うこと。
非審判的態度の原則	利用者の言動に対し、社会的基準や援助者の価値観によって、批判的な意見や評価をしないこと。
自己決定の原則	利用者が、自分の意思によって決定できるように支援すること。
秘密保持の原則	利用者の個人情報や相談内容などの秘密を厳守すること。

24

答1 ○ なお、2024（令和6）年4月より、13種目のうち、固定用スロープ、歩行器（歩行車を除く）、単点杖（松葉杖を除く）、多点杖は貸与と販売が選択可能である。

答2 ○ 特定福祉用具販売計画や福祉用具貸与計画は、既に居宅サービス計画が作成されている場合、その内容に沿って作成しなければならない。

答3 × 特殊寝台と同様にエアマットは床ずれ防止用具として福祉用具貸与種目の1つである。

答4 × 自動排泄処理装置は、福祉用具貸与の対象であるが、自動排泄処理装置の交換可能部品は、特定福祉用具販売の対象である。なお介護に必要な消耗品は自己負担である。

答5 ○ 水洗ポータブルトイレは、特定福祉用具販売対象種目の腰掛便座の1つとして位置づけられている。

答6 × 介助用電動車いすは、福祉用具貸[illegible]種目の[illegible]の1つとして位置づけられている。

答7 ○ T字杖と同じ決め方である。足先に杖をつき、前腕をカフにいれた状態で、肘が約30度に曲がる高さにグリップを合わせる。

答8 ○ ほかに、「うっかりミスが危険につながらないこと」「少ない力でも使えること」などがあり、福祉用具を選ぶ際にも重要な観点である。

領域II　6章　生活支援技術

159

得点

2回分の得点を書き込めます。

解答・解説

付属の赤シートで隠して答えあわせをしながら、ポイントを理解できます。

＊ここに掲載しているページは見本で、本文とは一致しません。

C O N T E N T S

〔注〕現在、「障害」の表記を「障がい」あるいは「障碍」と改める動きがありますが、本書では、法律上の表記に則り、「障害」を用いています。
※ 本書は原則として2024年4月1日現在の情報に基づいて編集しています。

介護福祉士国家試験について

試験に関する情報は、原則として2024年4月1日現在のものです。変更される場合がありますので、受験される方は、必ずご自身で試験実施団体の発表する最新情報を確認してください。

◆受験申込から筆記試験までの日程

(1) 受験申込手続き詳細公表：2024年7月上旬
(2) 受験申込書受付期間：2024年8月上旬～9月上旬
(3) 筆記試験：2025年1月下旬

◆筆記試験内容

(1) 出題形式：五肢択一を基本とする多肢選択形式
(2) 出題数：125問
(3) 総試験時間：220分
(4) 合格基準：以下の条件を両方満たした場合
　(ア) 総得点の60%程度を基準として、問題の難易度で補正した点数以上の得点の者
　(イ) 試験科目群のすべてにおいて得点があった者

◆試験に関する問い合わせ先

公益財団法人　社会福祉振興・試験センター
〒150-0002　東京都渋谷区渋谷1-5-6　SEMPOSビル
試験情報専用電話案内：03-3486-7559（音声案内、24時間対応）
試験室電話：03-3486-7521（9時～17時、土曜・日曜・祝日を除く）
ホームページURL　https://www.sssc.or.jp/

〔巻頭特集〕第36回試験を分析!!

第37回試験に向けた対策

介護福祉士試験では、介護の知識を単なる知識として問うだけではなく、実際の場面において知識をどう活用するのかという、日常の介護場面と密着したものが出題されています。介護者には、介護を単なる技術としてとらえるのではなく、利用者の自立支援や、尊厳の保持への視点が求められています。また、利用者一人ひとりに応じた介護を実践するためには、どのような考え方で取り組まなければならないのかという視点も重視されています。

第35回試験から新出題基準が適用され、試験科目の順番が変更、科目によっては問題数も変更されました。全体的に、より実践的な出題が増えましたが、内容・難易度ともに大きな変化はありませんでした。新基準適用での2回めとなる第36回試験も同様でした。

領域Ⅰ　人間と社会

1. 人間の尊厳と自立

「人間の尊厳」は、カリキュラム全体を貫く重要な概念です。ここでは尊厳、自立、人権、権利擁護という概念を理解した上で、それぞれに関係する法制度や歴史的な変遷について学習しましょう。権利擁護と自立については近年、高齢者や障害者の介護において重視されている内容ですので必ず把握しておきましょう。

また、近年では、2問のうち1問は事例問題となっていますので、過去問題をチェックし、知識と対応場面を結びつけて理解しましょう。

2. 人間関係とコミュニケーション

ここでは、人間関係を形成するための方法やコミュニケーションの技術及びチームマネジメントについての理解が必要です。具体的なコミュニケーション技術については、5章で学習します。

第36回試験では出題が4問で、そのうちチームマネジメントに関する問題が2問でした。基本的な用語の理解をしましょう。

3. 社会の理解

ここでは、まず家族、地域、社会構造の概念をおさえ、社会保障、社会福祉、社会保険、社会扶助の概念や歴史について把握しましょう。具体的には、介護保険制度、障害者自立支援制度、成年後見制度、医療制度、生活保護制度などについて学習します。

過去の試験をみると、社会保障制度、介護保険法、障害者総合支援法の3点は出題されやすいので重点的な学習が必要ですが、頻繁に法改正が行われるので、できる限り新しい参考書や問題集を使用しましょう。第36回試験では、介護保険についての出題は少なかったのですが、消費者センター、感染症法、災害時の福祉避難所について出題されています。幅広く制度やサービスについて理解することが求められています。

領域Ⅱ　介護

4. 介護の基本

ここでは基本的な知識を学習します。具体的には、最近注目されている介護問題の背景や対応、社会福祉士及び介護福祉士法、介護サービスの概要、介護福祉士の倫理、利用者、介護従事者の安全など介護の現場で必要な知識です。学習範囲は広いですが、基礎を固めておくとよいでしょう。

第36回試験では、防災標識と警戒レベルに関する問題が出されています。

5. コミュニケーション技術

ここでは「2. 人間関係とコミュニケーション」で学習した内容を広げ、コミュニケーションに関する応用的・実践的な内容について学習します。まず介護場面における利用者や家族とのコミュニケーションについて理解した上で、それぞれの技法をどのような場面で活用したらよいかを理解するとよいでしょう。また、記録に関しては、種類、方法、管理などについて把握しましょう。

過去の試験をみると、現場の感覚で答えられる問題が減り、専門用語の理解が必要な問題が増える傾向にあります。普段の現場では専門用語をあいまいな意味で使っている場合もありますので、その意味や効果を正しく理解することを意識しながら学習しましょう。第 36 回試験では、小事例問題が 4 問出されています。

6．生活支援技術

ここでは介護を実践する際に基礎となる生活支援という概念について学習します。具体的には居住環境の整備、整容・身じたくの介護、移動の介護、食事介護、入浴・清潔保持の介護、排泄(はいせつ)介護、家事の介護、睡眠の介護、終末期の介護について学習します。

過去の試験をみると、食事介護、排泄介護、移動・移乗介護など、まんべんなく出題されています。年々具体的かつ詳細な介護方法について問われることが多くなっていますので、基礎をしっかりと理解できたら、多様な利用者の疾患や障害、生活環境に応じた実践的な内容にも着手していきましょう。

なお、一部の福祉用具は 2024（令和 6）年 4 月から貸与と販売を選択できるようになりましたので確認しておきましょう。

7．介護過程

ここでは介護過程の意義をしっかり理解した上で、介護過程の展開と介護過程の実践的展開について具体的に学習しましょう。介護を単なる介助という作業ではなく、多職種協働を視野に、利用者の自立を支援するものにしていくという視点から介護過程を理解することが大切です。特に介護計画に関する内容は重要ですので、ICF（国際生活機能分類）の視点も含みしっかりと学習しましょう。

過去の試験をみると、介護過程の概要、アセスメント、目標、介護計画、評価などを中心に基礎知識を十分に理解し、他科目で学んだ知識も活用して事例問題に取り組むことになります。普段の仕事で行っている内容のうち、どの部分が介護過程のどこにあたるのかをリンクさせて理解を深め、おさえるべきポイントを過去問題や練習問題を繰り返し解いて学習するとよいでしょう。

領域Ⅲ　こころとからだのしくみ

8．こころとからだのしくみ

　ここでは、私たちが日常生活を送る上で、どのように「こころとからだ」が働いているのかを学習します。生活支援技術の根拠を理解するために重要な科目です。

　第36回試験の短文事例問題は3問で、骨粗鬆症の進行を予防する「日光浴」、食事をかき込むように食べる際の「窒息」、お風呂で身体が軽く感じる「浮力作用」についてでした。出題傾向としては頻出問題が多く、マズローの欲求階層説（4年ぶり）1問、交感神経の作用1問、身じたくは「耳」と「爪」の2問、食事は短文も合わせて「誤嚥」の2問、尿路感染症1問、睡眠障害について2問でした。新出問題は、モルヒネ使用時の注意点「呼吸」と耳小骨の名前「ツチ骨」を問うものが出されました。

9．発達と老化の理解

　ここでは、乳幼児期から老年期までの成長発達の特徴や、加齢に伴う身体機能の変化、高齢者がかかりやすい疾病について学習します。

　第36回試験の短文事例問題は2問で、発達障害のある幼稚園児への対応と、心筋梗塞の症状についてでした。出題傾向としては、初めてスキャモンの発達曲線について問われ、5～6年ぶりに「生理的老化」「エイジズム」の問題が出ました。「健康寿命」は最近の頻出テーマです。高齢者がかかりやすい疾患では、頻出である筋骨格系の「腰部脊柱管狭窄症」の症状と、6年ぶりに「前立腺肥大症」の症状について出ました。重要なポイントは何年か出題されていなくても、一問一答で確実におさえておきましょう。

10．認知症の理解

　ここでは、認知症の基礎疾患や具体的な症状を理解し、それに対する行政の支援対策、様々な認知症ケアについて学習します。最近の傾向としては、認知症の予防的側面や地域でのサポート体制、認知症ケアの手法について問われています。

　第36回試験の短文事例問題は3問で、アルツハイマー型認知症の「嫉妬妄想」、興奮している利用者への対応方法、ショートステイを利用する状況についてでした。他には、頻出問題であるレビー小体型認知症、若年性認知症、せん妄の症状（4年ぶり）が出題されました。また、過去に出題された問題のうち、高齢者の自動車運転免許更新時の「認知機能検査」、認知症ケアのコミュニケーション技法の一つである「バリデーション」については、より詳しい内容が問われました。

11. 障害の理解

ここでは、障害福祉の基本理念を理解し、障害の種類ごとの症状や制度的な対応、日常生活上の留意点について学習します。傾向としては、「障害者総合支援法」をベースとした支援体制についての問題も多いのでしっかりおさえていきましょう。

第36回試験の短文事例問題は3問で、糖尿病性網膜症の症状「足壊疽」、筋萎縮性側索硬化症の症状「知覚障害はない」、日常生活自立支援事業の支援内容「お金の管理」が問われ、いずれも頻出です。他は、ノーマライゼーション、成年後見制度、障害受容過程（毎年出題）、統合失調症の症状「妄想」、タイムリーな「相談支援専門員」や「合理的配慮」関連の問題が出題されています。

領域Ⅳ　医療的ケア

12. 医療的ケア

ここでは、医行為である医療的ケアを安全に実施していくための基本的知識を学習します。傾向としては、介護福祉職に認められている実施範囲や、具体的な喀痰吸引・経管栄養の手順や留意点、緊急時の対応方法などです。

第36回試験では、医療関係者との連携体制の重要性、呼吸器官の構造「気管」、喀痰吸引実施の準備「陰圧の確認」が、また、経管栄養時のアクシデントに関して、「嘔吐」（2年連続出題）と、短文事例問題で「お腹が張ってきたような気がする」と言われた時の対応の2問が出題されました。今までと出題傾向の変化はありませんので、一つひとつの知識の根拠を明確にするためにも、一問一答で確実に覚えていきましょう。

1章 人間の尊厳と自立

Q&A

この科目は、出題数が少ないにもかかわらず、学習範囲は広く、他の科目の学習範囲と関連するものも多くみられます。そのため、まずはこの科目特有の「尊厳」や「自立」が明記された法律の種類とその内容をしっかりと覚え、それぞれの概念をとらえましょう。

人間の尊厳と人権・福祉理念

利用者のQOLを高めるための介護実践として、福祉用具の活用がある。

問2

人間の尊厳とは、人間として尊ばれるべき侵してはならない誇りという意味で、人権ともいわれている。

問3

日本国憲法第25条で示されている生存権は、1948年「世界人権宣言」において世界で初めて規定された。

ノーマライゼーションは、「全人間的復権」を意味し、障害のある人が人間らしく生きる権利を取り戻すことである。

障害者差別解消法は、障害者総合支援法の基本的な理念にのっとり定められたものである。

社会福祉士及び介護福祉士法には、介護福祉士が誠実に業務を行うことが明記されている。

『ソーシャル・ケース・ワークとは何か』の著者は、フロイト（Freud, S.）である。

『ケアの本質―生きることの意味』の著者は、ナイチンゲール（Nightingale, F.）である。

答1 ○
福祉用具を活用することで、利用者の心身の状態に応じたその人らしい生活を支援することができる。

答2 ○
人間の尊厳とは、人権ともいわれ、人間として尊ばれるべき侵してはならない誇りという意味である。

答3 ×
生存権は、1919年にドイツのワイマール憲法において世界で初めて規定された。

答4 ×
ノーマライゼーションとは、デンマークのバンク-ミケルセン（Bank-Mikkelsen, N.E.）が提唱した理念である。障害のある人が普通に生活できる社会を目指すこと。

答5 ×
障害者差別解消法は、障害者基本法の基本的な理念にのっとり定められたものである。

答6 ○
第44条の2に、社会福祉士と介護福祉士が守るべき業務として、利用者の個人の尊厳を保持し、誠実に業務を行わなければならないと明記されている。

答7 ×
『ソーシャル・ケース・ワークとは何か』の著者は、リッチモンド（Richmond, M.）で、現在の福祉に影響を与えた。フロイトの主な著書は『精神分析学入門』である。

答8 ×
『ケアの本質―生きることの意味』の著者は、メイヤロフ（Mayeroff, M.）で、ナイチンゲールは、『看護覚え書』の著者である。

Lesson 2 自立の概念

自立は、身体的側面だけでなく、精神的・社会的・経済的側面からも考える。

基本的欲求が満たされるように利用者の支援を行っていくことは、その者の生活意欲の低下につながる。

利用者が本来持っている能力や意欲などの強みのことをストレングスという。

エンパワメントとは、権利が侵害されたり抑圧されている利用者が状況を克服できるように支援することをいう。

代弁（アドボカシー）とは認知症などによって自分の権利を主張できない人々のために、援助者が代わって権利などを表明することである。

自己決定の原則とは、利用者の自己決定を尊重し、利用者が自らの意思で自分の方向性を決定できるように支援することである。

皮膚を掻くことなどを抑えるために利用者にミトン型の手袋等をつけることは、介護保険法で禁止されている身体拘束にあたる。

糸賀一雄の「この子らを世の光に」という思想は、知的障害児が経済的に自立できる社会的自立を保障するよう主張したものである。

答1 ○

身体的自立に視線が向けられがちだが、**精神**的・**社会**的・**経済**的側面からも利用者の自立を考えることが必要である。

答2 ×

基本的欲求が満たされるように利用者の支援を行っていくことは、利用者の**生活意欲**を高めることにつながり、**自立**した日常生活にもつながる。

答3 ○

利用者のできないことばかりに注目せずに、**できていること**や**強み**にも目を向ける必要性がある。

答4 ×

エンパワメントとは、権利が侵害されたり抑圧されている**利用者**が、自らその状況を克服していく力を**獲得**することをいう。

答5 ○

代弁（アドボカシー）とは、利用者の**ニーズ**を、自分の権利などを主張できない人のために、代わって表明することである。

答6 ○

自己決定の原則からは、利用者が自分に関する情報を自分でコントロールする権利も導かれ、介護職は**守秘義務**を守り、**個人情報の保護**に努める必要がある。

答7 ○

介護保険法では、身体拘束として11の行為を禁止している。ただし、本人や他の人の安全を守るために**やむを得ない**場合は、**必要最小限**の身体拘束が認められる。

答8 ×

糸賀一雄の「この子らを世の光に」という思想は、**知的障害児**が、かけがえのない存在として**発達**する**権利**を保障するよう主張したものである。

■尊厳に関する規定

国際連合憲章（前文）	われら連合国の人民は、われらの一生のうちに二度まで言語に絶する悲哀を人類に与えた戦争の惨害から将来の世代を救い、基本的人権と人間の尊厳及び価値と男女及び大小各国の同権とに関する信念をあらためて確認し、正義と条約その他の国際法の源泉から生ずる義務の尊重とを維持することができる条件を確立し、一層大きな自由の中で社会的進歩と生活水準の向上とを促進すること、（後略）
世界人権宣言（第１条）	すべての人間は、生れながらにして自由であり、かつ、尊厳と権利とについて平等である。人間は、理性と良心とを授けられており、互いに同胞の精神をもって行動しなければならない。
日本国憲法（第 13 条）	すべて国民は、個人として尊重される。生命、自由及び幸福追求に対する国民の権利については、公共の福祉に反しない限り、立法その他の国政の上で、最大の尊重を必要とする。
日本国憲法（第 25 条）	すべて国民は、健康で文化的な最低限度の生活を営む権利を有する。〈生存権の保障〉

■障害者差別解消法上の定義

障害者	身体障害、知的障害、精神障害（発達障害を含む）その他の心身の機能の障害がある者であって、障害及び社会的障壁により継続的に日常生活又は社会生活に相当な制限を受ける状態にあるもの
社会的障壁	障害がある者にとって日常生活又は社会生活を営む上で障壁となるような社会における事物、制度、慣行、観念その他一切のもの

■障害者差別解消支援地域協議会

構成員の追加	必要と認める場合、特定非営利活動法人（NPO 法人）その他の団体や学識経験者などを構成員に追加できる。
主な事務	必要な情報交換を行うほか、障害者からの相談やその相談に係る事例を踏まえた障害を理由とする差別を解消するための取組に関する協議を行う。
組織の公表	地方公共団体は、障害者差別解消支援地域協議会を組織した場合、その旨を公表しなければならない。

2章 人間関係とコミュニケーション

Q&A

この科目は、第35回試験より出題数が4問に増えました。
自己覚知やラポールといった専門用語の意味をしっかり理解しておくとよいでしょう。
チームアプローチについては、研修やマネジメントについて理解が求められています。

Lesson 3 人間関係の形成とコミュニケーションの基礎

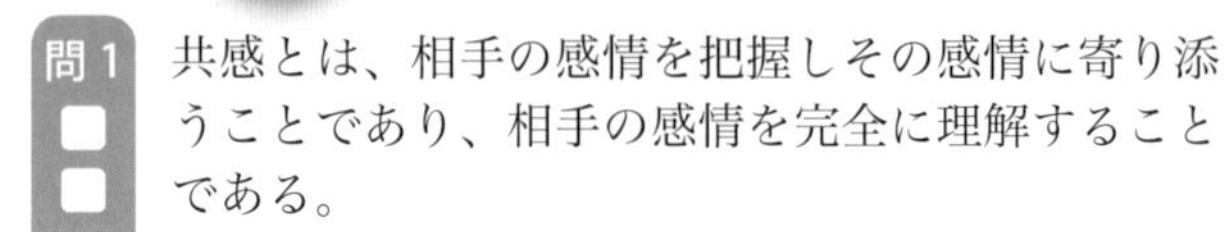

問1 □ □
共感とは、相手の感情を把握しその感情に寄り添うことであり、相手の感情を完全に理解することである。

問2 □ □
受容とは、相手をあるがままの姿で受け入れることである。

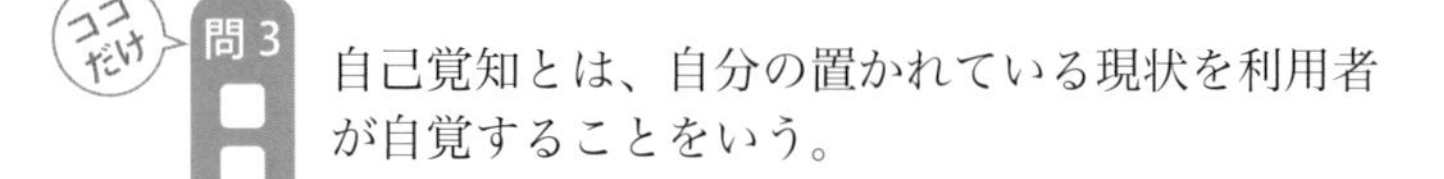

問3 □ □
自己覚知とは、自分の置かれている現状を利用者が自覚することをいう。

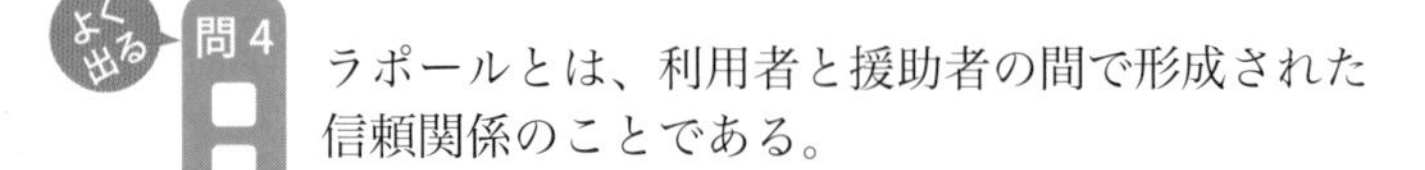

問4 □ □
ラポールとは、利用者と援助者の間で形成された信頼関係のことである。

問5 □ □
伝えたい内容は、専門用語を盛り込み、できる限り簡潔にして伝える。

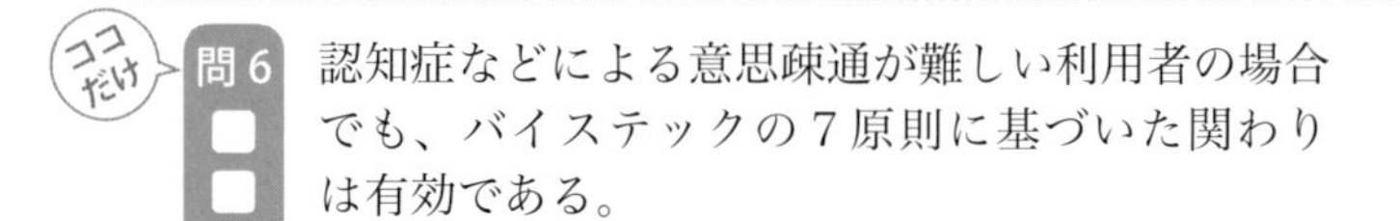

問6 □ □
認知症などによる意思疎通が難しい利用者の場合でも、バイステックの7原則に基づいた関わりは有効である。

問7 □ □
介護福祉職が利用者の話を傾聴するときには、利用者の言葉にならない心の声にも耳を傾けることが大切である。

問8 □ □
コミュニケーションをとる場合、相手との位置関係は真正面にして向き合うとよいといわれている。

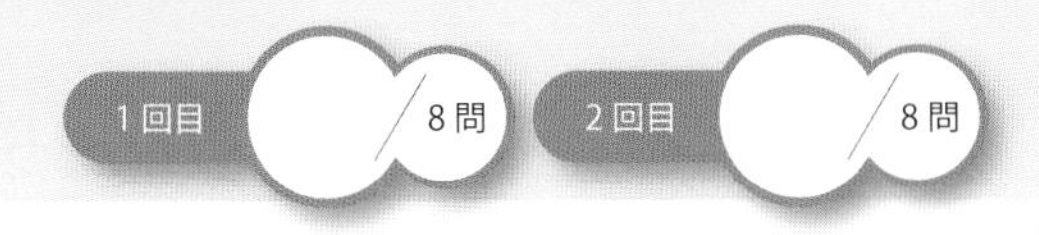

答1 ×

相手の感情を把握しその感情に寄り添うことを共感というが、相手の感情を完全に理解することは不可能である。

答2 ○

バイステック（Biestek, F.P.）の7原則の1つである受容とは、相手をあるがままの姿で受け入れることである。

答3 ×

自己覚知とは、自分自身のものの考え方について自ら理解することであり、利用者でなく援助者が自分について知ることをいう。

答4 ○

利用者と援助者や施設・事業者などの間で形成された信頼関係を、ラポールといい、支援の基本となる。

答5 ×

相手に何かを伝える場合には、相手にとってわかりやすい言葉を用いて、その伝えたいことを明確にする必要がある。

答6 ○

意思疎通が困難でも、アドボカシーの視点から尊厳を守るケアが基本である。バイステックの7原則は、利用者の尊厳を尊重するための基本的な態度として有効である。

答7 ○

傾聴に際しては、利用者の発する言葉だけでなく、言葉にならない心の声にも耳を傾けるようにし、表情や視線などの非言語的コミュニケーションにも注意をはらう。

答8 ×

コミュニケーションをとる場合、相手との位置関係は、近すぎず、かつ声が聞き取りやすい距離で、真正面よりは、斜め前あるいは横並びが話しやすいとされる。

Lesson 4 チームマネジメント

PDCAサイクルのAction（改善）は、計画し実行した結果を検証することである。

介護現場での変化や課題を上司に伝え、改善点を提案する方法をボトムアップという。

問3

チームのメンバーそれぞれがもっている知恵やアイデアをまとめ、限られた時間内で効果的に情報を伝える能力をブレーンストーミングという。

問4

好きな音楽を聴いてリラックスすることは、ストレス対処行動の1つである問題焦点型コーピングにあてはまる。

問5

介護老人福祉施設における全体の指揮命令系統を把握するためには経営理念が重要である。

介護現場で実際の仕事を通して学ぶことをOff-JTという。

問7

スーパービジョンでは、指導する側をスーパーバイジー、指導を受ける側をスーパーバイザーと呼ぶ。

チームアプローチは、医療職が中心となって進める。

答1 ×

PDCAサイクルのAction（改善）は、計画、実行した結果を検証し、課題を明確にした上で、その改善策を検討することである。

答2 ○

上層部の意向を下層部へ伝え、意思疎通を図ることをトップダウンという。指揮命令、指示や評価などのことである。

答3 ×

ブレーンストーミングは、それぞれの意見や考えを批判せずに自由にたくさんのアイデアを出す方法のことである。

答4 ×

問題焦点型コーピングは、ストレスの原因に働きかけ、それ自体を変化させることで解決を図ろうと行動することである。設問の行動はストレス解消型コーピングである。

答5 ×

組織全体の指揮命令系統を把握するためには組織図が必要である。

答6 ×

介護現場での実際の仕事を通して学ぶことをOJTといい、研修会や通信教育など介護現場を離れて学ぶことをOff-JTという。

答7 ×

職場の上司が部下に指導する場面のことをスーパービジョンという。指導する側をスーパーバイザー、指導を受ける側をスーパーバイジーと呼ぶ。

答8 ×

チームアプローチでは、メンバーが連携・協力し、利用者にとって適切な支援を提供する。医療職のみが主導するものではない。

表で
◎重要ポイントを まとめてチェック！

■コミュニケーションにおける基本的技術

自己覚知	援助者が自分自身の性格、行動傾向、価値観、感情などを客観的に認識すること。
ラポールの形成	対人援助において、援助者と利用者の人間関係の土台として重要視されるもの。
受容	相手のあるがままの姿を受け入れることを意味する。介護現場では、援助者が利用者の性格や言動などを受け入れて接すること。
共感的理解	対人援助において、援助者が利用者の感情を理解し、その感情に寄り添うこと。

■コミュニケーションの種類

言語的コミュニケーション	反復、要約、感情の反射などの技術がある。
非言語的コミュニケーション	表情、身ぶり、視線、対人距離などの種類がある。
準言語	声の高さ、声の大きさ、話す速さ、言葉遣いなどの語調をいう。

■バイステックの7原則

個別化の原則	利用者を個別的にとらえて問題解決を図ること。
受容の原則	利用者の性格や行動傾向などをあるがまま受け入れること。
意図的な感情表出の原則	利用者が、自分の考えや感情を表現できるように支援すること。
統制された情緒的関与の原則	援助者は、利用者が表出した感情に対して感情的にならずに適切に情緒的関与を行うこと。
非審判的態度の原則	利用者の言動に対し、社会的基準や援助者の価値観によって、批判的な意見や評価をしないこと。
自己決定の原則	利用者が、自分の意思によって決定できるように支援すること。
秘密保持の原則	利用者の個人情報や相談内容などの秘密を厳守すること。

3章 社会の理解

Q&A

この科目は、学習範囲が広いだけでなく、その内容も難易度が高くなっています。これまでの出題傾向をみる限り、出題の中心は、社会保障制度、介護保険法、障害者総合支援法となっていますので、この３点に重点を置いて学習していきましょう。また、高齢者の最新人口統計と社会保障費についても確認しておきましょう。

Lesson 5 社会と生活のしくみ①

ワーク・ライフ・バランスとは、女性が仕事をする上で「生活との調和を図る」ことである。

ライフスタイルとは、その人の考え方や価値観、文化的・社会的な背景などによってできあがる、その人らしい生活の仕方である。

ライフコースとは、人生において、個々によって異なる出来事のパターンである。

2016（平成28）年に閣議決定された「ニッポン一億総活躍プラン」のなかに地域共生社会がある。

社会指標は、その社会の福祉水準を測定し、政策に活用することを目的としている。

ワーキングプアとは、働く意欲がないために貧困から脱出できない労働者のことである。

アンペイドワークとは、家庭における家事労働のように、報酬として現金収入を伴わない労働をいう。

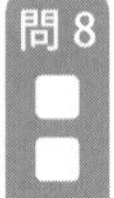

セルフヘルプグループには、ボランティア団体が含まれる。

答1 ×

ワーク・ライフ・バランスとは、性や年齢などにかかわらず「仕事と生活との調和を図る」ことを意味し、多様な働き方や生き方が選択・実現できる社会を目指す。

答2 ○

その人の考え方や価値観、文化的・社会的な背景などによってできあがる、その人らしい生活の仕方を、ライフスタイルという。

答3 ×

ライフコースとは、人生において、同じ世代の多くの人に共通してみられる出来事のパターンをいう。

答4 ○

「ニッポン一億総活躍プラン」のなかに「地域共生社会の実現」があり、包摂的なコミュニティ、地域や社会を創るという考え方が提案された。

答5 ○

社会指標は、労働、余暇、住宅、保健など分野ごとに、その社会の福祉水準を測定するものである。

答6 ×

ワーキングプアとは、働いているにもかかわらず、低賃金等により貧困から脱出できない労働者のことである。

答7 ○

報酬として現金収入を伴わない労働をアンペイドワークといい、家庭における家事、育児、介護などの労働があげられる。

答8 ×

セルフヘルプグループは、同じ悩みや病気を抱えた当事者が集まる場をいう。

Lesson 5 社会と生活のしくみ②

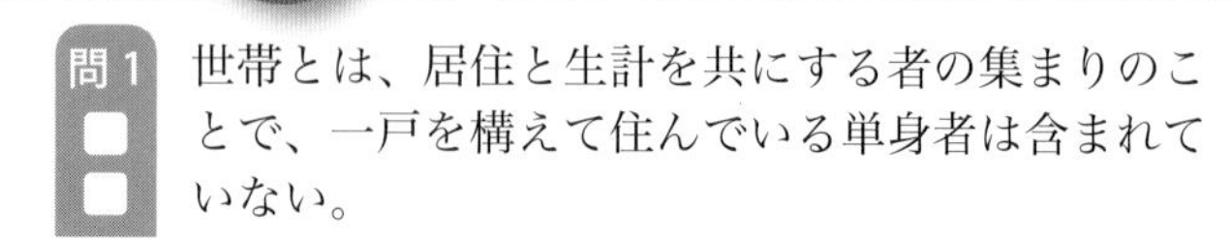

問1 世帯とは、居住と生計を共にする者の集まりのことで、一戸を構えて住んでいる単身者は含まれていない。

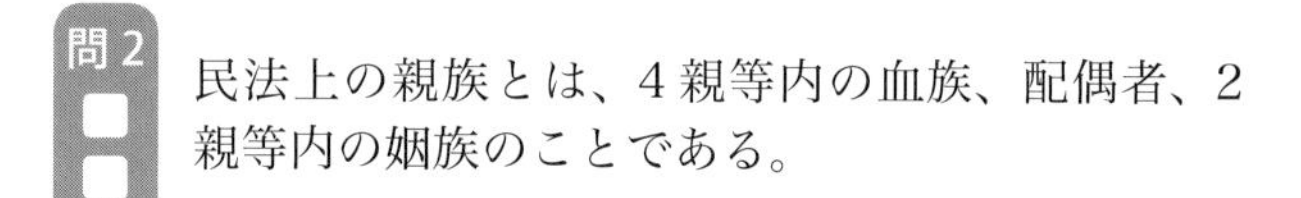

問2 民法上の親族とは、4親等内の血族、配偶者、2親等内の姻族のことである。

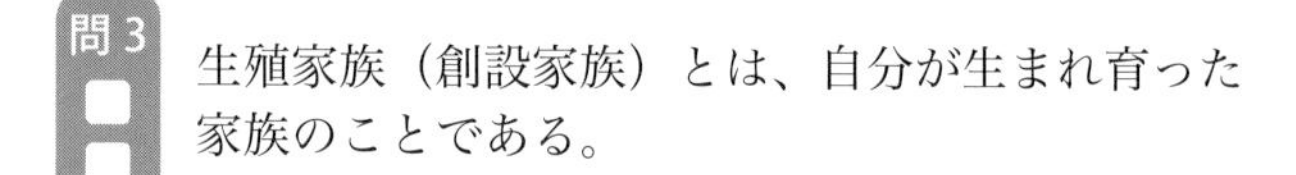

問3 生殖家族（創設家族）とは、自分が生まれ育った家族のことである。

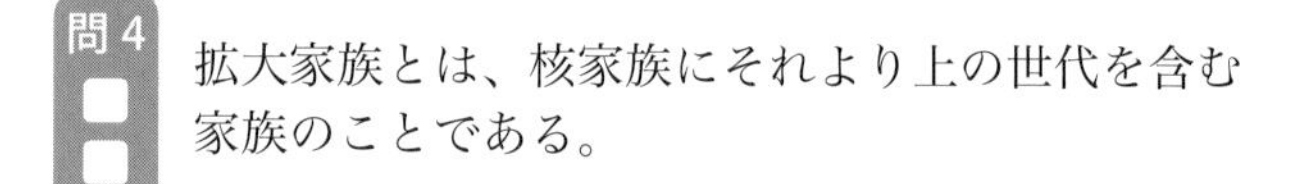

問4 拡大家族とは、核家族にそれより上の世代を含む家族のことである。

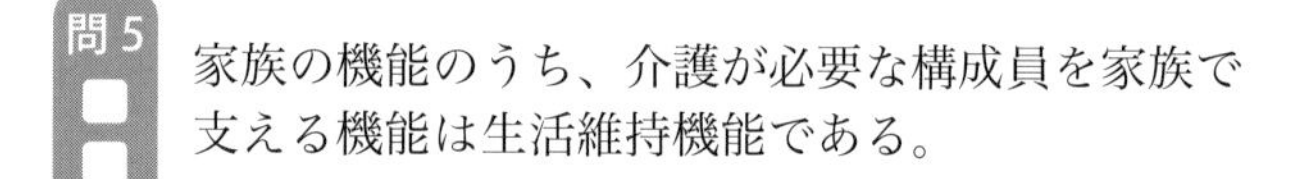

問5 家族の機能のうち、介護が必要な構成員を家族で支える機能は生活維持機能である。

ココだけ 問6 限界集落の出現は大都市部に限定されている。

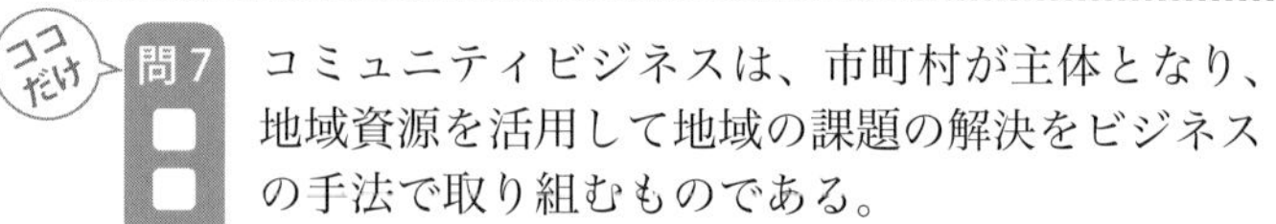

ココだけ 問7 コミュニティビジネスは、市町村が主体となり、地域資源を活用して地域の課題の解決をビジネスの手法で取り組むものである。

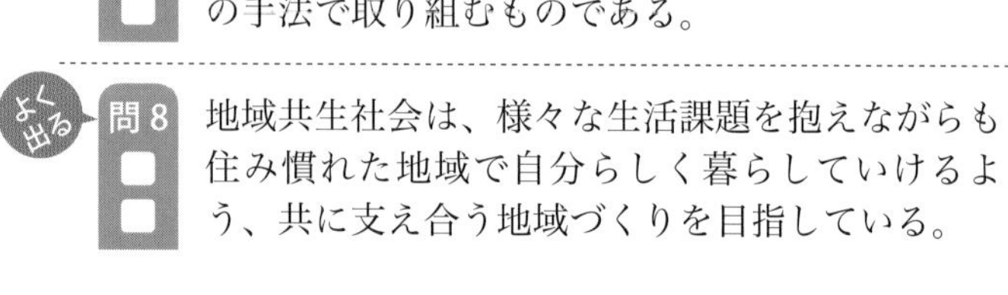

よく出る 問8 地域共生社会は、様々な生活課題を抱えながらも住み慣れた地域で自分らしく暮らしていけるよう、共に支え合う地域づくりを目指している。

答1
×
世帯とは、**居住**と**生計**を共にする者の集まり、または一戸を構えて住んでいる単身者のことである。

答2
×
民法第725条によれば、親族とは、**6**親等内の血族、結婚相手である**配偶者**、結婚によってできる**3**親等内の姻族のことである。

答3
×
自分が生まれ育った家族のことを**定位家族**（**出生家族**）といい、自分が結婚してつくる家族のことを**生殖家族**（**創設家族**）という。

答4
○
核家族にそれより上の世代を含む家族を**拡大家族**といい、同居はしていないが、核家族の子どもと親世代が頻繁に行き来をする家族を**修正拡大家族**という。

答5
×
食欲、性欲、安全の欲求を満たす**生命維持**機能、経済的に支えあう**生活維持**機能、高齢者や乳幼児、障害者を支える**ケア**機能がある。問いはケア機能の説明である。

答6
×
限界集落は、主に**山間**地域や離島などにみられる。

答7
×
コミュニティビジネスは、**地域住民**が主体となって、地域資源を活用して地域が抱える**課題**の解決をビジネスの手法で取り組むものである。

答8
○
地域共生社会は、少子高齢化問題に取り組む「**ニッポン一億総活躍プラン**」の方向性の1つである。地域住民がつながり**支え合う**地域づくりを目指している。

Lesson 6 社会保障の基本的な考え方

1950（昭和25）年の社会保障制度審議会による「社会保障制度に関する勧告」において、保育所の待機児童ゼロ作戦が提言された。

社会保障とは、公的なしくみを通じて、健やかで安心できる生活を保障することである。

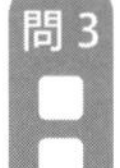

地域包括ケアシステムとは、高齢者等が可能な限り住み慣れた地域で自分らしい暮らしを人生の最期まで続けられるための支援をすることである。

社会保障には、育児や介護などの家庭機能を代替したり支援したりする機能がない。

社会保険は救貧的機能を有しているのに対し、公的扶助は防貧的機能を有している。

水平的再分配とは、現在働ける人々から、働くことができない人々へ所得移転することである。

問7

ナショナル・ミニマムとは、国が社会保障制度によって国民に保障する最高生活水準のことである。

ナショナル・ミニマムの理念は、デンマークのバンク-ミケルセン（Bank-Mikkelsen, N.E.）が提唱した。

答1 ×
「社会保障制度に関する勧告」において、社会保障を①社会保険、②国家（公的）扶助、③公衆衛生及び医療、④社会福祉の4つに分類した。

答2 ○
社会保障とは、国民を対象にして、公的なしくみを通じて、健やかで安心できる生活を保障することである。

答3 ○
地域包括ケアシステムは2025(令和7)年構築を目標に、住み慣れた地域で、住まい・医療・介護・予防・生活支援が包括的に確保される考え方のことをいう。

答4 ×
社会保障には、家庭内で家族が担ってきた育児や介護などの家庭機能を代替したり支援したりする機能がある。

答5 ×
社会保険は、防貧的機能を有しているのに対し、公的扶助は、救貧的機能を有している。

答6 ○
現在働ける人々から、働くことができない人々へ所得移転することを水平的再分配といい、年金保険や失業保険がこの機能を果たしている。

答7 ×
国が社会保障制度によって国民に保障する最低生活水準のことを、ナショナル・ミニマムという。

答8 ×
イギリスのウェッブ（Webb, S.J.）夫妻が提唱した。デンマークのバンク-ミケルセンが提唱した理念は、ノーマライゼーションである。

Lesson 7

日本の社会保障制度の発達①

1922（大正11）年に、低所得の工場労働者等を対象とする健康保険法が制定された。

1946（昭和21）年に制定された旧生活保護法は、1950（昭和25）年に現行の生活保護法に改正された。

問3

福祉三法とは、昭和20年代に制定された旧生活保護法、児童福祉法、精神薄弱者福祉法のことである。

1947（昭和22）年に身体障害者福祉法が制定され、1949（昭和24）年には児童福祉法が制定された。

1958（昭和33）年に国民年金法が改正され、1959（昭和34）年には国民健康保険法が成立した。

精神薄弱者福祉法、老人福祉法、母子福祉法が制定されたことによって、福祉六法体制になった。

1960（昭和35）年に母子福祉法、1963（昭和38）年に精神薄弱者福祉法、1964（昭和39）年に老人福祉法が制定された。

1985（昭和60）年の年金制度の抜本的な改革によって、1986（昭和61）年に基礎年金制度が始まった。

答1 ○
第一次世界大戦後の1922（大正11）年に制定された**健康保険法**では、工場や鉱山などで働く**低所得**の労働者本人のみを対象としていた。

答2 ○
1946（昭和21）年に制定された**旧生活保護法**は、1950（昭和25）年に国民の権利として保護請求権を認めた現行の**生活保護法**に改正された。

答3 ×
福祉三法とは、昭和20年代に制定された**旧生活保護法**、**児童福祉法**、**身体障害者福祉法**のことである。

答4 ×
1947（昭和22）年に**児童福祉法**が制定され、1949（昭和24）年には**身体障害者福祉法**が制定された。

答5 ×
1958（昭和33）年に**国民健康保険法**が改正され、1959（昭和34）年には**国民年金法**が成立し、1961（昭和36）年には国民皆保険・皆年金体制が確立された。

答6 ○
昭和30年代になって成立した**精神薄弱者福祉法**、**老人福祉法**、**母子福祉法**によって、福祉六法体制になった。

答7 ×
1960（昭和35）年に**精神薄弱者福祉法**、1963（昭和38）年に**老人福祉法**、1964（昭和39）年に**母子福祉法**が制定された。

答8 ○
1986（昭和61）年に**基礎年金**制度が始まり、全国民共通の定額部分を**基礎年金**という。

Lesson 7 日本の社会保障制度の発達②

1973（昭和48）年に、70歳以上の高齢者に対する医療費の自己負担が無料化された。

1947（昭和22）年に制定された雇用保険法は、1974（昭和49）年に失業保険法になった。

1982（昭和57）年に老人保健法が制定され、老人医療費が有料化された。

社会福祉基礎構造改革の一環として社会福祉法が改正され、法名称が社会福祉事業法になった。

社会福祉法人は、社会福祉事業以外の事業を行うことができる。

社会福祉法人の監事は、理事や評議員を兼ねることができる。

政府管掌健康保険は廃止され、全国健康保険協会が事業を引き継いでいる。

2008（平成20）年に、高齢者医療確保法（旧老人保健法）に基づく後期高齢者医療制度が施行された。

答1 ○
1973（昭和48）年に、**70**歳以上の高齢者に対する医療費の自己負担が**無料化**された。この年は福祉元年と呼ばれている。

答2 ×
1947（昭和22）年に制定された**失業保険法**は、1974（昭和49）年に**雇用保険法**になった。

答3 ○
急激な高齢化の進展によって財政が厳しくなったため、1982（昭和57）年に**老人保健法**が制定され、老人医療費が**有料化**された。

答4 ×
1951（昭和26）年に制定された**社会福祉事業法**は、社会福祉基礎構造改革の一環として2000（平成12）年に改正され、法名称が**社会福祉法**になった。

答5 ○
社会福祉法人は、経営する社会福祉事業に支障がない限り、**公益**事業または**収益**事業を行うことができる。

答6 ×
社会福祉法人の監事は、**理事**、**評議員**、社会福祉法人の**職員**を兼ねてはならないという兼職禁止事項が設けられている。

答7 ○
政府管掌健康保険は廃止され、2008（平成20）年10月からは全国単位の公法人である**全国健康保険協会**が事業を引き継いでいる。

答8 ○
75歳以上の高齢者を対象とした新しい医療制度として、2008（平成20）年に、**後期高齢者医療制度**が施行された。

Lesson 8 日本の社会保障制度のしくみの基礎的理解①

社会保障には、生活を不安定にさせる危険に対して、その影響を極力小さくするというリスクの分散機能がある。

わが国の社会保険の特徴は、国民のリスクを保障するために国が法律によって定めている強制加入である。

わが国の社会保障は、税を財源とする社会保険と、保険料を財源とする公的扶助が中心になっている。

契約社員（有期契約労働者）は「育児・介護休業法」による育児休業を取得できない。

わが国の社会保険には、医療保険、年金保険、雇用保険、労働者災害補償保険の４つがある。

社会保険の財政方式には、短期間で収支の均衡を図る積立方式と、長期間で収支の均衡を図る賦課方式がある。

積立方式は、経済変動の影響を受けにくいが、人口構成の変動の影響を受けやすい。

介護保険は、短期保険かつ職域保険に位置づけられる。

答1 ○
社会保障には、疾病や事故などの**生活**を不安定にさせる危険に対して、その影響を極力小さくするという**リスク**の分散機能がある。

答2 ○
国が法律で定めているため、**強制加入**となる。一方、任意加入として**民間保険**があり、生命保険、損害保険などは強制加入ではない。

答3 ×
わが国の社会保障は、税を財源とする**公的扶助**と、保険料を財源とする**社会保険**が中心となっている。

答4 ×
2021（令和3）年1月に育児・介護休業法が改正され、「**時間単位**」で休暇を取得できるようになり、「**全ての労働者**」が育児・介護休暇取得の対象になった。

答5 ×
わが国の社会保険には、**医療保険**、**年金保険**、**雇用保険**、**労働者災害補償保険**と、2000（平成12）年に施行された**介護保険**の**5**つがある。

答6 ×
社会保険の財政方式には、短期間で収支の均衡を図る**賦課方式**と、長期間で収支の均衡を図る**積立方式**がある。

答7 ×
積立方式は、少子高齢化による**人口構成**の変動の影響を受けにくいが、賃金や物価などの**経済変動**の影響を受けやすい。

答8 ×
介護保険は、市町村の住民を被保険者とする**地域**保険であり、加入期間に関係なく保険給付を受けられることから、**短期**保険に位置づけられている。

Lesson 8 日本の社会保障制度のしくみの基礎的理解②

医療保険は、主に医療を現物給付によって支給する。

労働者災害補償制度は、パートやアルバイトは保険給付の対象外である。

社会保障の費用徴収の方法には、応益負担と応能負担がある。

受益と負担の対応関係は、社会保険方式よりも公費負担（税）方式の方が明確である。

わが国の社会保障の部門別給付割合は、年金４：医療４：福祉等２程度となることが目標とされている。

年金制度は、大きく国民年金、厚生年金、共済年金に分けられる。

問7

国民年金には、老齢基礎年金、障害基礎年金、遺族基礎年金等がある。

20歳未満の障害者は、本人の所得に関係なく障害基礎年金を受給できる。

答1 ○

医療保険は、業務外の事由による疾病、傷病等を保険事故とし、主に医療を現物給付によって支給する。

答2 ×

正社員やパートタイマー等の雇用形態に関係なく、事業所から賃金をもらい受ける人はすべて労働者災害補償制度（労災保険）の適用となる。

答3 ○

社会保障の費用徴収の方法には、各人の受益に応じて負担する応益負担と、各人の支払能力に応じて負担する応能負担がある。

答4 ×

受益と負担の対応関係は、公費負担（税）方式よりも社会保険方式の方が明確である。

答5 ×

わが国の社会保障の部門別給付割合は、年金5：医療3：福祉等2程度となることが目標とされている。

答6 ×

年金制度は、大きく国民年金と厚生年金に分けられる。公務員等が加入していた共済年金は、2015（平成27）年10月から厚生年金に一元化された。

答7 ○

国民年金には老齢基礎年金、障害基礎年金、遺族基礎年金等があり、厚生年金には老齢厚生年金、障害厚生年金、遺族厚生年金等がある。

答8 ×

20歳未満の障害者は、その本人が保険料を納付していないため、障害基礎年金の受給に所得制限が設けられている。

Lesson 9 現代社会における社会保障制度の課題

わが国は、高齢化社会になった24年後の1994（平成6）年に高齢社会になった。

わが国は、高齢化率が21%を超えて超高齢社会に突入している。

65歳以上の者のいる世帯を世帯構造別にみると、夫婦のみの世帯よりも、単独世帯が多い。

「令和5年版高齢社会白書」によると、日本の総人口に占める65歳以上の人口の割合は、30%を超えている。

高齢者世帯の1世帯当たり平均所得金額の構成割合を所得の種類別にみると、公的年金・恩給が8割以上を占めている。

障害者自立支援法は2013（平成25）年に「障害者総合支援法」と改められ、障害者の定義は身体障害児・者、精神障害者、知的障害児・者である。

2021（令和3）年度の社会保障費用統計によると、社会保障給付費の部門別割合は、「医療」が45.6%と圧倒的に多い。

2022（令和4）年度の主な死因別死亡数の割合が最も高いのは悪性新生物で、次いで心疾患、脳血管疾患の順になっている。

答1 ○
わが国は、高齢化社会になった24年後の1994（平成6）年に、高齢化率が14%を超えて高齢社会になった。

答2 ○
わが国では、2007（平成19）年に高齢化率が21%を超えて超高齢社会に突入した。

答3 ×
2022（令和4）年国民生活基礎調査によると、1位が夫婦のみの世帯、2位が単独世帯、3位が親と未婚の子の世帯となっている。

答4 ×
内閣府「令和5年版高齢社会白書」によれば2022（令和4）年10月1日現在、29.0%の高齢化率であり、30%は超えていない。

答5 ×
高齢者世帯の平均所得金額の構成割合を所得の種類別にみると、公的年金・恩給が最も多いが、その割合は6割程度（62.8%）である（2022〔令和4〕年国民生活基礎調査）。

答6 ×
設問の定義に加え、「障害者総合支援法」では障害者の定義に新たに難病等を追加し、障害福祉サービスの対象とすることとなった。

答7 ×
2021（令和3）年度の社会保障費用統計における社会保障給付費の部門別割合は、「年金」が40.2%、「医療」が34.2%、「福祉その他」が25.6%である。

答8 ×
2022（令和4）年度の主な死因別死亡数の割合が最も高いのは悪性新生物で、次いで心疾患、老衰の順になっている（2022〔令和4〕年人口動態統計）。

Lesson 10 介護保険制度のしくみの基礎的理解①

介護保険制度創設以前の高齢者介護は、老人福祉制度と老人保健制度によってサービスが賄われていた。

介護保険制度は、公費（税金）を財源の中心とする社会扶助方式である。

介護保険制度の財源は、被保険者の保険料が50%、公費が50%である。

介護保険制度は、利用者と市町村または特別区が契約を行った上で、利用者が事業者のサービスを利用するしくみである。

居宅給付の公費の内訳は、国 20%、都道府県 17.5%、市町村 12.5%である。

2024 (令和 6) 年度の被保険者の保険料の内訳は、第 1 号被保険者の保険料 27%、第 2 号被保険者の保険料 23%である。

介護保険の第 2 号被保険者とは、市町村の区域内に住所を有する 65 歳以上の者をいう。

第 1 号被保険者は、要介護（要支援）状態が特定疾病によって生じた場合にのみ、介護保険の適用を受けることができる。

答1 ○

介護保険制度創設以前の高齢者介護は、老人福祉制度と老人保健制度によってサービスが賄われていたが、両制度間の不整合が問題となっていた。

答2 ×

介護保険制度は、保険料を財源の中心とする社会保険方式である。

答3 ○

介護保険制度の財源は、被保険者の保険料が50%、公費が50%で、公費は国、都道府県、市町村が負担している。

答4 ×

介護保険制度は、従来の措置による福祉ではなく、利用者と事業者が契約を行った上で、利用者が事業者のサービスを利用するしくみである。

答5 ×

問いは施設等給付の公費の内訳である。居宅給付の公費の内訳は、国25%、都道府県12.5%、市町村12.5%である。

答6 ×

被保険者の保険料の内訳は、2024（令和6）～2026（令和8）年度は、第1号被保険者の保険料23%、第2号被保険者の保険料27%である。

答7 ×

第1号被保険者の説明である。第2号被保険者とは、市町村の区域内に住所を有する40歳以上65歳未満の医療保険加入者をいう。

答8 ×

要介護（要支援）状態が介護保険法に規定されている特定疾病によって生じた場合にのみ介護保険の適用を受けられるのは、第2号被保険者である。

Lesson 10 介護保険制度のしくみの基礎的理解②

2017（平成29）年の改正介護保険法施行により、第1号被保険者の保険料は、同年8月より段階的に報酬額に比例した総報酬割に移行した。

2015（平成27）年の改正介護保険法施行によって、介護予防訪問介護と介護予防通所介護が地域支援事業に移行された。

2015（平成27）年の改正介護保険法施行により、特別養護老人ホームの新規入所者の要件として、要支援者も加わった。

2018（平成30）年の改正介護保険制度の施行により創設された共生型サービスの対象となるサービスは訪問看護である。

2018（平成30）年に施行された介護保険制度の改正内容に、介護医療院の創設がある。

2018（平成30）年の改正介護保険制度の施行により、利用者負担について、一定以上の所得のある利用者に対して3割負担が導入された。

2021（令和3）年の改正介護保険法の施行により、高額介護サービス費の負担上限額は収入に応じて決められることとなった。

地域包括支援センターは、都道府県知事の指定を受けた上で指定介護予防支援を提供することができる。

答1 ×

2017（平成29）年の介護保険法改正により、介護保険の第2号被保険者の保険料については、同年8月より段階的に報酬額に比例して負担する総報酬割に移行した。

答2 ○

介護予防訪問介護と介護予防通所介護は、地域支援事業に移行され、介護予防・日常生活支援総合事業の介護予防・生活支援サービス事業に位置づけられた。

答3 ×

特別養護老人ホームの新規入所者を、原則として要介護3以上の者に限定した。

答4 ×

2018（平成30）年の改正介護保険制度で「共生型サービス」が創設された。訪問介護、通所介護、短期入所生活介護（ショートステイ）のサービスがある。

答5 ○

介護医療院とは長期療養が必要な要介護者に対し、施設サービス計画に基づいて療養上の管理、看護や介護、機能訓練、日常生活の世話等を行う施設である。

答6 ○

2018（平成30）年、介護保険法の改正により、収入が単身で340万円以上、または2人以上世帯で463万円以上の場合、3割負担となった。

答7 ○

自己負担の上限額は一律4万4,400円であったが、改正により、2021（令和3）年8月から年収によって負担額が分けられることになった。

答8 ×

地域包括支援センターでは、市町村長の指定を受けた上で指定介護予防支援を提供することができる。

Lesson 10 介護保険制度のしくみの基礎的理解③

特定疾病とは、加齢に伴って発症すると認められる30の疾患のことである。

介護保険の保険給付には、介護給付、予防給付、都道府県特別給付がある。

2021(令和3)年の介護報酬改定で、ICTを活用し、業務負担の軽減や業務効率向上につなげる取り組みの推進が示された。

新規要介護認定の有効期間は、原則12か月である。

要介護認定の効力は、要介護認定をした日の翌日から生じる。

要介護認定を受けようとする被保険者は、申請書に被保険者証を添付して都道府県に申請をしなければならない。

介護保険の被保険者証が未交付の第2号被保険者は、医療保険の被保険者証等を提示して申請する。

介護保険制度を利用して住宅改修を行う場合、原則、1回20万円までがその対象となる。

答1
×
加齢に伴って発症すると認められる16の疾患のことを特定疾病といい、関節リウマチ、骨折を伴う骨粗鬆症(こつそしょうしょう)、がん末期などがある。

答2
×
介護保険の保険給付には、介護給付、予防給付、市町村特別給付の3種類がある。

答3
○
推進される取り組みの具体例として、利用者への説明・同意や記録の保存において電磁的対応を原則認める、など介護現場の負担軽減を図ることを目的にしている。

答4
×
新規要介護認定の有効期間は、原則6か月であり、市町村が必要と認める場合には3か月から12か月の範囲において月単位で設定することができる。

答5
×
要介護認定の効力は、申請のあった日にさかのぼって生じるものである。

答6
×
要介護認定を受けようとする被保険者は、申請書に被保険者証を添付して市町村に申請をしなければならない。

答7
○
介護保険第2号被保険者は、医療保険の被保険者証等を提示して介護保険の被保険者証を申請する。

答8
○
住宅改修の支給上限額は20万円までであるが、利用者負担が発生するため、1割負担者であれば、2万円の自己負担が必要となる。

Lesson 11 介護保険制度（地域支援事業）

問1
地域支援事業には、介護予防・日常生活支援総合事業（総合事業）と任意事業の２つがある。

問2
介護予防・日常生活支援総合事業には、権利擁護事業が含まれている。

問3

介護予防把握事業、介護予防普及啓発事業、地域介護予防活動支援事業は、一般介護予防事業に含まれる事業である。

問4

包括的支援事業に位置づけられる認知症総合支援事業では、生活支援コーディネーターが配置される。

問5

地域支援事業の任意事業の１つである家族介護支援事業では、家族等に介護方法の指導等を行う。

問6
市町村が地域支援事業の任意事業を委託する場合は、当該事業を一括して委託しなければならない。

問7

市町村は、地域支援事業の利用者に対して利用料を請求することはできない。

問8

都道府県知事は、市町村が行う介護予防・日常生活支援総合事業について、その適切かつ有効な実施を図るための指針を公表することになっている。

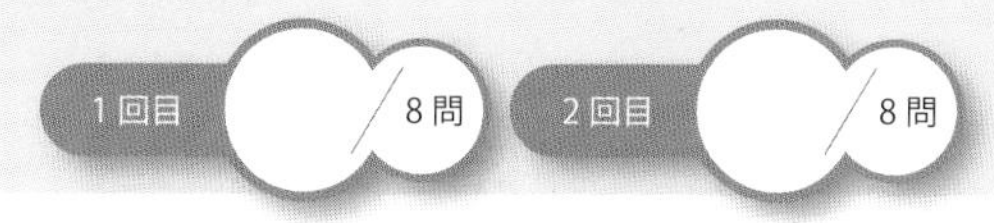

答1 ×
地域支援事業は、介護予防・日常生活支援総合事業（総合事業）、包括的支援事業（必須事業）、任意事業の3つで構成される。

答2 ×
権利擁護事業は、同じ地域支援事業のなかの包括的支援事業に含まれる。介護予防・日常生活支援総合事業には、訪問型・通所型サービス等が含まれている。

答3 ○
一般介護予防事業には、そのほか、一般介護予防事業評価事業、地域リハビリテーション活動支援事業を加えた5つの事業がある。

答4 ×
認知症総合支援事業では、認知症初期集中支援チームや認知症地域支援推進員が配置される。生活支援コーディネーターは、生活支援体制整備事業に配置される。

答5 ○
家族介護支援事業では、要介護被保険者を介護する家族等に対し、介護方法の指導等を行う。任意事業には、他に介護給付等費用適正化事業、その他の事業がある。

答6 ×
市町村は、地域支援事業の任意事業を委託する場合、その事業の全部または一部について、老人介護支援センター（地域包括支援センター等）の設置者等に委託できる。

答7 ×
市町村は、地域支援事業の利用者に利用料を請求することができる。また、介護予防・日常生活支援総合事業の受託者も、利用者に利用料を請求することができる。

答8 ×
市町村が行う介護予防・日常生活支援総合事業について、その適切かつ有効な実施を図るために必要な指針を公表するのは、厚生労働大臣である。

Lesson 12 ケアマネジメントと介護支援専門員

介護支援専門員（ケアマネジャー）は、介護保険法に基づく国家資格である。

介護支援専門員は、介護支援専門員として厚生労働大臣の登録を受けた者でなければならない。

成年被後見人は、介護支援専門員の登録の際の欠格事由に該当する。

介護支援専門員は、サービス担当者会議を開催し、居宅サービス計画を作成しなければならない。

介護支援専門員の介護支援専門員証には 3 年の有効期限がある。

訪問介護事業所の人員配置は、管理者とホームヘルパーのみが必須(ひっす)である。

介護支援専門員の信用失墜行為の禁止は、社会福祉士及び介護福祉士法に定められている。

介護支援専門員は、介護支援専門員証の名義を他人に介護支援専門員の業務のために使用させてはならない。

答1
×
介護支援専門員（ケアマネジャー）は、介護保険法に基づく公的資格であり、国家資格ではない。

答2
×
介護支援専門員は、介護支援専門員として都道府県知事の登録を受けた者でなければならない。

答3
×
2019（令和元）年の介護保険法改正・施行により成年被後見人は登録の際の欠格事由には該当しないこととなった。

答4
○
介護支援専門員は、サービス担当者会議を開催して居宅サービス計画を作成し、その作成上の責任を負う存在に位置づけられている。

答5
×
介護支援専門員の介護支援専門員証には5年の有効期限が設けられ、研修を受けなければ更新することはできない。

答6
×
介護保険法において、訪問介護事業所には、管理者と訪問介護員（ホームヘルパー）に加え、サービス提供責任者の配置が基準とされている。

答7
×
介護支援専門員は介護支援専門員の信用を傷つけるような行為をしてはならないとして信用失墜行為の禁止を定めているのは、介護保険法である。

答8
○
介護支援専門員は、介護支援専門員証を不正に使用し、またはその名義を他人に介護支援専門員の業務のため使用させてはならない。

Lesson 13 障害者福祉と障害者保健福祉制度①

障害者総合支援法に基づくサービスの財源は、社会保険方式である。

障害者総合支援法における障害福祉サービス等に係る利用者負担は、原則として応能負担である。

障害支援区分の認定は、都道府県が行う。

障害福祉サービス事業者の指定は、市町村が行う。

障害者総合支援法における相談支援には、基本相談支援、地域相談支援、計画相談支援がある。

2018（平成30）年施行の「障害者総合支援法」の改正で、新たに自立生活援助と就労定着支援が創設された。

2018（平成30）年に施行した共生型サービスのなかに、介護保険サービスのデイケアも含まれている。

障害者総合支援法における障害者の定義は、身体障害者、知的障害者、精神障害者（発達障害者を含む）、難病患者のすべての者である。

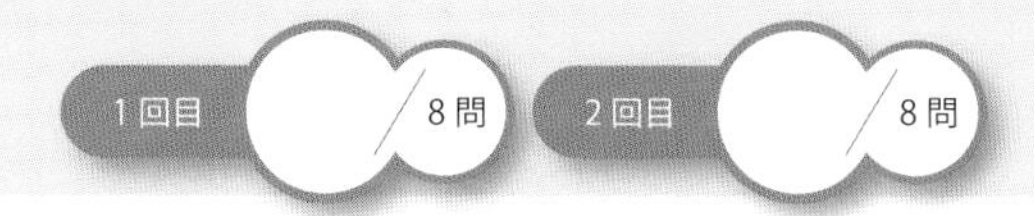

答1 ×

障害者総合支援法に基づくサービスの財源は、自己負担分を除く全額を**公費**で賄う**税**方式である。

答2 ○

受けた利益（サービス）に応じて負担するものを**応益**負担、支払い能力に応じて負担するものを**応能**負担という。

答3 ×

障害支援区分の認定は、**市町村**が行う（市町村審査会という）。

答4 ×

障害福祉サービス事業者の指定は、**都道府県知事**が行う。

答5 ○

基本相談支援と地域相談支援を行う事業を**一般相談支援**事業といい、基本相談支援と計画相談支援を行う事業を**特定相談支援**事業という。

答6 ○

自立生活援助は施設等から一人暮らしに移行した者への訪問・相談事業。**就労定着支援**は一般就労に移行し、**生活面の課題**が生じている人への支援である。

答7 ×

共生型サービスの対象となる介護保険サービスには、①**訪問介護**、②**通所介護**、③**短期入所生活介護**の3つのサービスがある。

答8 ×

障害者総合支援法には、左記に定義された者のうち**18**歳以上の者と年齢が規定されており、**18**歳に満たない者は児童福祉法が根拠法となる。

Lesson 13 障害者福祉と障害者保健福祉制度②

障害者総合支援法における同行援護とは、知的・精神障害がある人のためのサービスである。

障害者総合支援法の介護給付を利用するときに、利用者が最初に市町村で行う手続きとして、障害支援区分の認定申請がある。

先天性の聴覚障害がある人への合理的配慮の1つに、口頭説明する内容を書面で準備することがある。

障害者総合支援法における重度訪問介護のサービス内容には、外出時における移動中の介護も含まれる。

厚生労働大臣は障害福祉計画の基本的な指針を定めなければならない。

問6

2011（平成23）年施行の「障害者基本法」の改正において、新たに「障害者の自立」の定義が規定された。

地域生活支援事業の都道府県必須事業には、意思疎通支援事業がある。

障害児通所支援には、児童発達支援、医療型児童発達支援、放課後等デイサービス、居宅訪問型児童発達支援、保育所等訪問支援がある。

答1 ×
同行援護は、視覚障害がある人のためのサービスである。介護保険との併給も認められている。知的・精神障害がある人の移動についてのサービスは、行動援護である。

答2 ×
障害福祉サービスを利用する場合は、最初に市町村に支給申請を行わなければならない。

答3 ○
先天性の聴覚障害がある人への合理的配慮として、音声情報ではなく、書面などでコミュニケーションを取ることが求められる。

答4 ○
重度訪問介護のサービスには、居宅における入浴・排泄及び食事等の介護、家事、生活に関する相談、外出時における移動中の介護等があり、それらを総合的に行う。

答5 ○
障害者総合支援法第87条の「基本指針」において、厚生労働大臣が基本的な指針を定める規定がある。

答6 ×
2011（平成23）年施行の改正障害者基本法では、「社会的障壁」の定義が規定された。また、「障害者」の定義も見直された。

答7 ×
意思疎通支援事業は市町村の必須事業の1つである。都道府県は、専門性の高い相談支援事業、専門性の高い意思疎通支援を行う者の養成研修事業などを担っている。

答8 ○
2012（平成24）年施行の改正児童福祉法により、設問の支援が障害児通所支援として定められた（居宅訪問型児童発達支援は2018〔平成30〕年に創設）。

Lesson 14 個人の権利を守る制度①

高齢者虐待防止法は、「高齢者虐待」の定義を、養護者によるものと養介護施設従事者等によるものに分けている。

高齢者虐待には、身体的虐待、養護を著しく怠ること（ネグレクト）、心理的虐待、性的虐待の4種類が定義されている。

高齢者虐待防止法では、高齢者虐待の防止などについて、市町村を第一義的責任主体と位置づけている。

養護者から虐待を受けたと思われ、身体に重大な危険が生じている高齢者を発見した者は、市町村に通報することが望ましいが、義務ではない。

2016（平成28）年施行の障害者差別解消法は、障害を理由とする不当な差別的取り扱いを禁止し､障害者への合理的な配慮が法的義務となった。

成年後見制度は、精神障害などにより判断能力の不十分な成年者を保護するための制度である。

成年後見制度には、任意後見制度と法定後見制度がある。

任意後見制度には、後見、保佐、補助の3類型がある。

答1 ○
高齢者虐待防止法の定義では、高齢者を65歳以上の者とし、「高齢者虐待」を**養護者**によるものと**養介護施設従事者等**によるものに分けている。

答2 ×
高齢者虐待には、**身体**的虐待、**養護を著しく怠ること（ネグレクト）**、**心理**的虐待、**性**的虐待、**経済**的虐待の**5**種類が定義されている。

答3 ○
高齢者虐待防止法では、高齢者虐待の防止、虐待を受けた高齢者の**保護**、**養護者**に対する支援について、**市町村**を第一義的責任主体と位置づけている。

答4 ×
虐待を受けたと思われる高齢者を発見した者は、高齢者の生命または身体に重大な危険が生じている場合、**市町村**に通報する**義務**がある。

答5 ○
役所や事業を行う会社、店などに、障害を理由に差別せず、**合理的配慮**（障害者から特別な配慮を求められたら負担のない範囲で対応する努力）を求める法律である。

答6 ○
精神障害などにより判断能力の不十分な成年者を保護するための制度を、**成年後見制度**という。

答7 ○
成年後見制度には、任意後見契約に関する法律に基づく**任意後見制度**と、民法に基づく**法定後見制度**がある。

答8 ×
法定後見制度の記述である。法定後見制度には、成年後見人が選任される**後見**、保佐人が選任される**保佐**、補助人が選任される**補助**の3類型がある。

Lesson 14 個人の権利を守る制度②

成年後見制度の保佐の対象は、判断能力が欠けているのが通常の状態の者である。

成年後見制度の 2022（令和 4）年の全国統計によると、成年後見、保佐、補助、任意後見のうち、最も多い申し立ては、補助である。

成年後見人として活動している職種で最も多いものは社会福祉士である。

日常生活自立支援制度では、専門員が支援計画に基づいて実際の支援を行う。

土地家屋の売買契約に関する援助は、日常生活自立支援事業の支援内容に含まれる。

個人情報保護法は、個人の権利利益を保護することを目的として制定された。

個人情報を第三者に提供するときは、個人情報保護のため、必ず利用者から同意を得なければならない。

介護サービスの契約は、サービス内容を口頭のみで丁寧に説明しなければならない。

答1 ×

成年後見制度では、判断能力が欠けているのが通常の状態の者は後見の対象となり、判断能力が著しく不十分な者は保佐の対象となる。

答2 ×

2022（令和4）年に最も多い申し立ては、成年後見である。その次は、保佐、補助、任意後見の順に多い。

答3 ×

「成年後見関係事件の概況―令和4年1月～12月―」によれば、最も多いのは司法書士である。

答4 ×

日常生活自立支援制度では、専門員が初期相談、支援計画の作成、契約の締結業務を担当し、生活支援員が支援計画に基づいて実際の支援を行う。

答5 ×

支援内容には、介護サービス事業者との契約締結の援助、要介護認定に関する申請手続きの援助、大切な書類の保管、公共料金や家賃などの支払いなどがある。

答6 ○

個人情報保護法は、個人の権利利益を保護することを目的として、事業者や行政機関等が個人情報を取り扱う上でのルールを定めている。

答7 ×

原則として利用者から同意を得なければならないが、人の生命、身体または財産の保護のために必要な時などは除外される。

答8 ×

契約時は、サービス内容をまとめた重要事項説明書及び契約書を使って説明し、利用者に同意を得た上でそれらを手渡す。

Lesson 15 保健医療に関する制度

問1

保健所は、医療法に基づき設置するものである。

問2

難病法に基づく特定医療費の支給認定を受ける場合には、医療保険の被保険者証を添えて申請する。

問3

市町村は、難病法に基づく特定医療費の支給認定をした場合、患者または保護者に対し、医療受給者証を交付する。

問4

特定健康診査の対象は75歳以上の者で、がん検診が含まれる。

問5

健康増進法では、受動喫煙の防止が定められている。

問6

結核予防法は廃止され、結核は感染症法の一類感染症になった。

問7

健康日本21（第二次）の実施期間は、2013（平成25）～2023(令和5)年度までの11年間である。

問8

感染症法による感染症は、第1類から第5類の5つに分類されている。

答1 ×

保健所は、地域保健法に基づき、都道府県、指定都市、中核市その他の政令で定める市または特別区が設置するものである。

答2 ×

特定医療費の支給認定を受けようとする場合は、都道府県知事の定める医師（指定医）の診断書を添えて、都道府県に申請する。

答3 ×

都道府県は、特定医療費の支給認定をした場合、支給認定を受けた指定難病の患者またはその保護者に対し、医療受給者証を交付しなければならない。

答4 ×

特定健康診査の対象は40歳から74歳の者で、生活習慣病（メタボリックシンドローム、糖尿病、高血圧症など）に特化したものであり、それらの検査が含まれる。

答5 ○

2002（平成14）年に健康増進法が公布され、室内またはこれに準ずる環境において、他人のたばこの煙を吸わされる受動喫煙の防止が定められた。

答6 ×

2006（平成18）年の感染症法の改正によって、結核予防法は廃止され、結核は感染症法の二類感染症になった。

答7 ○

国は、2013（平成25）～2023（令和5）年度までの11年間について、21世紀における第二次国民健康づくり運動（健康日本21（第二次））を策定し、実施している。

答8 ×

感染症法の対象となる感染症の分類は、第1類から第5類と新型インフルエンザ等感染症、指定感染症、新感染症の8つである。

Lesson 16 介護と関連領域との連携に必要な制度

医師は、医師法に基づく名称独占の国家資格であり、資格のない者は医師と名乗ることはできない。

病院とは、30人以上の患者を入院させるための施設を有するものである。

診療所とは、患者を入院させる施設を有していないもののみをいう。

社会医療法人が開設する病院は、一定要件を満たせば、承認を得なくても地域医療支援病院と称することができる。

特定機能病院と称するには、都道府県知事の承認が必要となる。

助産所は、妊婦、産婦、じょく婦10人以上の入所施設を有してはならない。

都道府県は、難病相談支援センターを設置することができる。

保健所を設置する市は、単独または共同で難病対策地域協議会を置くように努めなければならない。

答1 ×
医師は、医師法に基づく業務独占の国家資格であり、資格のない者は医業を行ってはならない。

答2 ×
医療法における病院とは、20人以上の患者を入院させるための施設を有するものである。

答3 ×
医療法における診療所とは、患者を入院させる施設を有していないか、19人以下の患者を入院させるための施設を有するものである。

答4 ×
社会医療法人等が開設する病院は、救急医療の提供能力を有するなどの要件を満たし、都道府県知事の承認を得た上で地域医療支援病院と称することができる。

答5 ×
病院のうち、高度の医療を提供する能力を有するなどの要件を満たすものは、厚生労働大臣の承認を得て特定機能病院と称することができる。

答6 ○
助産所とは、助産師が公衆または特定多数人のためその業務を行う場所をいい、妊婦、産婦、じょく婦10人以上の入所施設を有してはならない。

答7 ○
難病患者等からの療養生活等に関する相談に応じ、必要な情報提供等を行う事業を実施する都道府県は、難病相談支援センターを設置できる。

答8 ○
都道府県、保健所を設置する市や特別区は、単独または共同で、難病対策地域協議会を置くように努めるものとするとされている。

Lesson 17 貧困と生活困窮に関する制度①

生活保護法は、日本国憲法第25条の「生存権の保障」の理念に基づいている。

生活保護法の基本原理には、国家責任の原理、無差別平等の原理、最低生活保障の原理の3つの原理がある。

国家責任の原理とは、国が国民の最低限度の生活を保障する責任を負うことである。

無差別平等の原理とは、保護において、身分や困窮の原因等による差別を禁止することである。

最低生活保障の原理とは、すべての国民に健康で文化的な最低限度の生活を保障することである。

保護の補足性の原理では、生活保護法を優先し、なお不十分な場合に他の法律に定める扶養等を補足的に用いる。

生活保護法の保護の原則には、申請保護の原則、基準及び程度の原則、必要即応の原則の3つの原則がある。

保護施設には、救護施設、更生施設、医療保護施設、宿所提供施設の4種類がある。

答1 ○ 生活保護法は、日本国憲法第25条に規定する「**生存権の保障**」の理念に基づくもので、生活に困窮するすべての**国民**に対して必要な**保護**を行う。

答2 × 生活保護法に規定されている基本原理には、**国家責任の原理**、**無差別平等の原理**、**最低生活保障の原理**、**保護の補足性の原理**の4つがある。

答3 ○ 生活保護法は、国が国民の最低限度の生活を保障する責任を負うという、**国家責任**の原理を規定している。

答4 ○ 生活保護法は、すべて国民は、この法律の定める要件を満たす限り、この法律による保護を**無差別平等**に受けることができると規定している。

答5 ○ 生活保護法により保障される**最低限度**の生活は、健康で文化的な**生活水準**を維持することができるものでなければならない。

答6 × 保護の補足性の原理は、資産や能力の活用、扶養義務者による扶養、他の法律に定める扶助を**優先**し、生活保護法は**補足的**に用いると規定している。

答7 × 生活保護法に規定されている保護の原則には、**申請保護の原則**、**基準及び程度の原則**、**必要即応の原則**、**世帯単位の原則**の4つがある。

答8 × 第一種社会福祉事業である保護施設には、**救護施設**、**更生施設**、**医療保護施設**、**授産施設**、**宿所提供施設**の5種類がある。

Lesson 17 貧困と生活困窮に関する制度②

世帯単位の原則では、保護は世帯を単位としてその要否や程度を定め、個人を単位として定めることはできない。

生活保護の種類には、生活扶助、教育扶助、住宅扶助、医療扶助、介護扶助、出産扶助、葬祭扶助の7種類がある。

生活保護受給者である介護保険の第1号被保険者の保険料は、介護扶助の対象となる。

介護保険の第2号被保険者は、いかなる事由がある場合であっても、介護扶助の対象になることはない。

介護保険施設に入所している生活保護受給者には、介護扶助として、介護施設入所者基本生活費が支給される。

生活困窮者自立支援法において、持病がある者には医療費が支給される。

住宅改修や介護予防住宅改修は、住宅扶助の範囲に含まれる。

就労自立給付金は、生活保護脱却時に一括支給される。

答1 ×

世帯単位の原則では、保護は世帯を単位としてその要否や程度を定めるとし、これによりがたいときは、個人を単位として定めることができる。

答2 ×

生活保護の種類は、生活扶助、教育扶助、住宅扶助、医療扶助、介護扶助、出産扶助、生業扶助、葬祭扶助の8種類である。

答3 ×

生活保護受給者である介護保険の第1号被保険者の保険料は、生活扶助から現金給付によって支給される。

答4 ×

介護保険の第2号被保険者が特定疾病による要介護・要支援状態にあって、生活保護を受給するに至った場合には、介護扶助の対象となる。

答5 ×

介護保険施設に入所している生活保護受給者に支給される介護施設入所者基本生活費は、介護扶助ではなく生活扶助である。

答6 ×

生活困窮者自立支援法において、医療費の支給はない。そのため他の制度を利用することとなる。

答7 ×

住宅改修は介護扶助の範囲に含まれる。介護扶助は、現物給付を原則としているが、住宅改修や福祉用具などは、現金給付になる。

答8 ○

2014（平成26）年に創設された就労自立給付金は、安定した職業に就くことにより生活保護からの脱却を促すための給付金であり、生活保護脱却時に一括支給される。

■介護保険事業計画策定上の留意点

市町村介護保険事業計画	・市町村老人福祉計画と一体のものとして作成されなければならない。 ・医療介護総合確保促進法の市町村計画との整合性の確保が図られたものでなければならない。 ・市町村地域福祉計画などと調和が保たれたものでなければならない。
都道府県介護保険事業支援計画	・都道府県老人福祉計画と一体のものとして作成されなければならない。 ・医療介護総合確保促進法の都道府県計画及び医療計画との整合性の確保が図られたものでなければならない。 ・都道府県地域福祉支援計画や高齢者居住安定確保計画などと調和が保たれたものでなければならない。

■介護予防・日常生活支援総合事業の事業構成

一般介護予防事業	・介護予防把握事業 ・介護予防普及啓発事業 ・地域介護予防活動支援事業 ・一般介護予防事業評価事業 ・地域リハビリテーション活動支援事業
介護予防・生活支援サービス事業（第１号事業）	・訪問型サービス ・通所型サービス ・その他の生活支援サービス ・介護予防ケアマネジメント

■地域ケア会議の特徴

開催者	市町村または地域包括支援センター
５つの機能	①個別課題解決機能 ②ネットワーク構築機能 ③地域課題発見機能 ④地域づくり・資源開発機能 ⑤政策形成機能
構成員	介護支援専門員（ケアマネジャー）や民生委員などの関係者、関係機関、関係団体

4章 介護の基本

Q&A

この科目は、学習範囲が広く、法律の内容も含まれているので、問題の難易度も高めです。介護福祉士の義務、ICF（国際生活機能分類）、介護サービスの特徴は、出題頻度が高いので、この３点を中心に学習していきましょう。

Lesson 18 介護福祉の基本理念

問1

利用者の主体性を尊重するためには、利用者に十分な情報を提供する必要がある。

問2

利用者の共同生活スペースで、プライバシーにかかわる話をしてはならない。

問3

社会福祉士及び介護福祉士法は、誠実義務に「その担当する者が個人の尊厳を保持し」と明記している。

問4

介護福祉士が行う支援の目的は、利用者の日常生活動作（ADL）の改善に限定している。

問5

介護保険法では、利用者が尊厳を保持し、自立した生活を営むことができるよう保険給付に関する事項が定められている。

問6

障害者総合支援法の目的には、「人格と個性を尊重し安心して暮らすことのできる地域社会の実現」が含まれる。

問7

ノーマライゼーションとは、障害がある者を施設に集め、障害者どうしのコミュニケーションを図ることができるようにすることである。

問8

福祉型障害児入所施設では、集団生活なので入所児童個人の訴えより施設の規則が優先される。

答1 ○

介護福祉実践は、利用者が十分な情報から選択し、自己決定ができるように支援する必要がある。

答2 ○

共同生活スペースで、利用者のケア、医療、看護、家庭環境等の話をしてはならない。

答3 ○

2007（平成19）年に改正された社会福祉士及び介護福祉士法には、第44条の2の誠実義務に「その担当する者が個人の尊厳を保持し」と明記されている。

答4 ×

介護福祉士は、利用者の自立的な生活や日常生活動作（ADL）を拡大し、生活の質（QOL）を向上させるように支援しなければならない。

答5 ○

2005（平成17）年に介護保険法第1条には、尊厳を保持し、の文言が付け加えられた。

答6 ○

障害者総合支援法の第1条（目的）には、「障害の有無にかかわらず（中略）安心して暮らすことのできる地域社会の実現に寄与することを目的とする」とある。

答7 ×

ノーマライゼーションとは、障害があっても地域において普通の生活を営み、差別をされず、それが当たり前であるという社会をつくることである。

答8 ×

対象が児童である場合、個人の尊厳を守り本人の訴えに耳を傾け対応する必要がある。

Lesson 19 介護福祉士の役割と機能①

問1

介護福祉士は、名称独占の国家資格である。

介護福祉士には、身体的な支援だけでなく、心理的・社会的支援の重視が求められる。

問3

介護福祉士の業務には、利用者とその介護者に対して行う介護に関する指導が含まれる。

1987（昭和62）年に介護福祉士法が制定され、介護福祉士の国家資格が法定化された。

介護福祉士となるには、介護福祉士国家試験に合格した上で、介護福祉士登録簿に登録することが必要である。

介護福祉士としての業務は、介護福祉士のみが行える。

刑事罰に処せられた者は、いかなる場合も介護福祉士になることはできない。

介護福祉士の業務には、喀痰吸引（かくたんきゅういん）等の日常生活を営むのに必要な行為で医師の指示のもとに行われるものも含まれる。

答1 ○

介護現場では、様々な介護職が介護業務を行う。介護福祉士が業務独占しているわけではなく、名称独占の資格である。

答2 ○

「求められる介護福祉士像」には身体的な支援だけでなく、心理的・社会的支援の重視も示されている。

答3 ○

介護福祉士の業務には、利用者の入浴、排泄、食事その他の介護や、利用者とその介護者に対して介護に関する指導を行う等がある。

答4 ×

1987（昭和62）年に社会福祉士及び介護福祉士法が制定され、介護の専門職として介護福祉士の国家資格が法定化された。

答5 ○

介護福祉士となるには、介護福祉士国家試験に合格しただけではなく、介護福祉士登録簿に、氏名、生年月日、その他厚生労働省令で定める事項の登録をすることが必要である。

答6 ×

介護福祉士は名称独占であって業務独占ではないので、他の人も行える。例えば食事介助は、初任者研修修了者、家族、社会福祉士も行える。

答7 ×

刑事罰に処せられた者であっても、刑の執行が終わり2年を経過すれば、介護福祉士となることは可能である。

答8 ○

介護福祉士の業務には、医師の指示のもとに行われる喀痰吸引等の医療的ケアも含まれている。

Lesson 19 介護福祉士の役割と機能②

都道府県知事は、介護福祉士の登録をした場合、申請者に介護福祉士登録証を交付する。

介護福祉士は、福祉サービス関係者等との連携を保たなければならない。

介護福祉士は、できる限り事業者の立場に立って、誠実にその業務を行わなければならない。

介護福祉士が、介護福祉士の信用を傷つけるような行為をした場合は、1年以下の懲役または30万円以下の罰金に処せられる。

介護福祉士が秘密保持義務を行うように明記されているのは、介護保険法である。

介護福祉士が秘密保持義務に違反した場合は、1年以下の懲役または30万円以下の罰金を科せられることがある。

問7

介護福祉士には、仕事を辞めた後も、秘密保持義務が課せられる。

介護福祉士は、介護等に関する知識及び技能の向上に努めなければならない。

答1 ×

厚生労働大臣は、介護福祉士の登録をした場合、申請者に必要事項を記載した介護福祉士登録証を交付する。

答2 ○

介護福祉士は、その業務を行うにあたっては、福祉や医療サービス関係者等との連携を保たなければならない。

答3 ×

介護福祉士は、常に利用者の立場に立って、誠実にその業務を行わなければならない。

答4 ×

介護福祉士が、介護福祉士の信用を傷つけるような行為をした場合は、登録の取り消し、または期間を定めて名称使用の停止が命ぜられる。

答5 ×

社会福祉士及び介護福祉士法第46条に明記されている。

答6 ○

違反した場合は、登録の取り消し、または期間を定めて名称使用の停止が課せられる。1年以下の懲役または30万円以下の罰金が科せられる場合もある。

答7 ○

介護福祉士には、仕事を辞めた後も、仕事を辞める前と同様に、業務に関して知り得た人の秘密を漏らしてはならないという秘密保持義務が課せられる。

答8 ○

2007（平成19）年の社会福祉士及び介護福祉士法の改正により、資質向上の責務が加えられた。

Lesson 20 介護福祉士の倫理

問1 日本介護福祉士会の倫理綱領は、自立に向けた介護福祉サービスを提供することを規定している。

問2 日本介護福祉士会の倫理綱領は、職務上知り得た個人の情報を守ると規定している。

よく出る 問3 日本介護福祉士会の倫理綱領は、利用者の地域社会への働きかけの必要性を規定している。

よく出る 問4 日本介護福祉士会の倫理綱領は、介護福祉士のニーズを利用者に代弁してもらうと規定している。

問5 日本介護福祉士会の倫理綱領では、介護福祉士は、介護福祉の人材育成に努めることが求められている。

問6 介護保険指定基準において、おむつはずしを制限するために、利用者に介護衣（つなぎ服）を着せることは禁止の対象となっている。

問7 利用者が強く望んでも、それを行うことで利用者自身に危険が及ぶと判断される場合には、利用者の要望は無視する。

よく出る 問8 利用者が意思決定できない状況では、介護福祉士は利用者のニーズを導き出し支援することができる。

答1 ○

倫理綱領第1条は、介護福祉士が利用者本位の立場から、**自立**に向けた介護福祉サービスを提供することを規定している。

答2 ○

倫理綱領第3条は、介護福祉士は、**プライバシー**を保護するため、職務上知り得た**個人の情報**を守ることを規定している。

答3 ×

倫理綱領第6条は、地域福祉の推進を掲げ、介護福祉士の**地域社会**での介護力の強化に努めることを規定している。

答4 ×

倫理綱領第5条は、介護福祉士は、利用者の真の**ニーズ**を受けとめ、それを**代弁**していくことも重要な役割であると規定している。

答5 ○

倫理綱領第7条では、**介護福祉士**に関する教育水準の向上と**後継者の育成**に力を注ぐとしている。

答6 ○

「身体拘束ゼロへの手引き」(2001〔平成13〕年:厚生労働省)には、「**緊急やむを得ず**身体拘束等を行う場合には(略)理由を**記録**しなければならない」とある。

答7 ×

生命倫理の普遍的視点に基づき、利用者が強く望んだとしても、**事故**などが予測される場合には、話し合いにより再検討を促すなどの姿勢が求められる。

答8 ○

利用者本位の立場から、**自己決定を尊重**しなければならないが、意思決定ができない状況では利用者の**真のニーズ**を汲み取り、支援をすることができる。

Lesson 21 自立に向けた介護①

介護とは、日常生活を営むのに支障のある人々が、他者の援助だけで生活ができるように援助を行うことである。

介護福祉職は、利用者の自立的な生活を拡大し、生活の質（QOL）を高める必要がある。

介護福祉職は、利用者の主体性を尊重し、利用者の自己決定にはかかわらないようにしなければならない。

社会的自立とは、労働によって賃金を得られるようになることをいう。

介護の社会化とは、介護が必要になったときにサービスが利用できるよう、社会のしくみを構築することである。

施設での介護は、従来型の集団的ケアから利用者本位の個別ケアへと変化した。

エンパワメント・アプローチとは、援助者のもっている力に着目し、その力を引き出して積極的に援助することである。

自立とは、自分で身の回りのことができるようになることである。

答1 ×

介護とは、高齢者や障害者等で日常生活を営むのに支障のある人々が、自立した生活を営み、自己実現ができるように援助を行うことである。

答2 ○

介護福祉職は、利用者の自立的な生活を拡大し、QOLを高める必要がある。QOLは、Quality of Lifeの略で生活の質と呼ばれる。

答3 ×

利用者の主体性を尊重するため、介護福祉職は、利用者が自己決定を行うことができるように支援しなければならない。

答4 ×

社会的自立とは、法令や規範を守り、その人の能力に応じ、社会活動に参加している状態といえる。

答5 ○

介護の社会化を図る法律として、2000（平成12）年に介護保険法が制定された。

答6 ○

利用者のQOLを高め、生活者の満足感を重視し、その人らしい生活を継続するための利用者本位のサービスを提供する。

答7 ×

利用者のもっている力に着目し、その力を引き出して積極的に援助することを、エンパワメント・アプローチという。

答8 ×

自立には、身体的、精神的、経済的、社会的な自立がある。自分でできないことが増えても自己選択・自己決定で、自分らしい生活を支えることが大切である。

Lesson 21 自立に向けた介護②

ICF（国際生活機能分類）は、ICIDH（国際障害分類）の改訂版として2001（平成13）年に採択された。

ICIDH（国際障害分類）では、環境面に対する配慮がないという指摘があった。

ICF（国際生活機能分類）は、医学モデルによる考え方である。

ICF（国際生活機能分類）は、人間と健康の相互作用に着目した考え方である。

問5

ICF（国際生活機能分類）では、ICIDH（国際障害分類）の能力障害を参加に置き換えた。

ICF（国際生活機能分類）は、生活機能を、心身機能・身体構造、教育、参加の3つとした。

ICF（国際生活機能分類）に基づいて情報を分類する場合、「活動」に該当するものとして例えば、車いすから便座への移乗が挙げられる。

ICF（国際生活機能分類）における「背景因子」には、環境因子と個人因子の2つがある。

答1 ○

ICIDH（国際障害分類）の、障害への**マイナス**的側面のみに視点を置いた考え方などへの批判を受け、改訂版として**ICF**（**国際生活機能分類**）が採択された。

答2 ○

ICIDH（国際障害分類）はリハビリテーション分野で主に活用されていた。**環境面**に対する配慮がないなど様々な指摘を受けたため、改訂が検討された。

答3 ×

ICF（国際生活機能分類）は、**医学**モデルと**社会**モデルの統合モデルである**生物・心理・社会**的モデルによる考え方である。

答4 ×

ICF（国際生活機能分類）は、**人間**と**環境**の相互作用に着目した考え方であり、人間の**プラス**的側面に焦点を置き、障害を複数の次元からとらえる。

答5 ×

ICF（国際生活機能分類）では、ICIDH（国際障害分類）の能力障害を**活動**に置き換え、社会的不利を**参加**に置き換えた。

答6 ×

ICF（国際生活機能分類）における生活機能とは、**心身機能・身体構造**、**活動**、**参加**の3つである。

答7 ○

毎日の日課として必要な行為をやり遂げることなども「**活動**」に挙げられる。

答8 ○

ICF（国際生活機能分類）における**背景因子**では、生活機能と障害への外的影響を**環境**因子、生活機能と障害への内的影響を**個人**因子としている。

Lesson 21 自立に向けた介護③

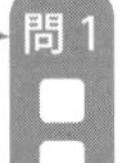

ICF（国際生活機能分類）における「環境因子」には、家族や仲間が含まれる。

ユニバーサルデザインでは、「誰にでもわかりやすい」ことが重要である。

リハビリテーションには、医学、職業、教育の3つの領域がある。

医学的リハビリテーションとは、身体的な運動機能障害の軽減や回復を医学的に図ることである。

医学的リハビリテーションでは、リハビリテーションを効果的に進めるために、チームアプローチが重要である。

教育的リハビリテーションとは、18歳未満の障害児に対してのみ行う、自立と社会適応のための教育的な支援である。

職業リハビリテーションは身体障害者を対象とした機能訓練で、知的障害者や精神障害者は対象とならない。

職業リハビリテーションは、就業の場を得た時点で終結する。

答1 ○
ICF（国際生活機能分類）における環境因子には、家族、仲間、就労環境、地域活動などの個人を取り巻く環境が含まれる。

答2 ○
「ユニバーサルデザインの7原則」の1つに、誰にでもわかりやすいことが挙げられている。

答3 ×
医学、職業、教育に、社会を加えた4つの領域がある。障害などによって失われた人権を、本来のあるべき姿に回復させるのがリハビリテーションである。

答4 ○
医学的リハビリテーションとは、医学的な考え方や方法によって、身体的な運動機能障害の軽減や回復を図ることである。

答5 ○
医学的リハビリテーションでは、リハビリテーションを効果的に進めるために、医師や理学療法士等の連携によるチームアプローチが重要である。

答6 ×
教育的リハビリテーションとは、年齢階層を問わず、障害児（者）に対して行う自立と社会適応のための教育的な支援である。

答7 ×
障害者の雇用の促進等に関する法律に基づく職業リハビリテーションは、身体障害者だけでなく、知的障害者や精神障害者も対象としている。

答8 ×
職業リハビリテーションは、継続的かつ総合的リハビリテーションの一過程として、就業の場を得、さらにそれを継続するためのサービスを行うものである。

Lesson 21 自立に向けた介護④

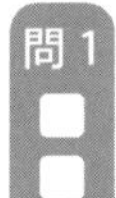

社会リハビリテーションは、社会生活力（SFA）を高めることを目的としている。

問2

地域リハビリテーションとは、障害者の在宅生活に必要なリハビリテーションを、地域ぐるみで支えることである。

問3

リハビリにかかわる医療職の役割として、作業療法士は入浴や食事などの日常生活動作の訓練や手芸などの作業を通じて、心身の機能回復を行う。

リハビリテーション計画の作成においては、本人が参加することが望ましい。

レクリエーションを、リハビリテーションの分野で活用することはできない。

高齢者がリハビリテーションを必要とする原因は、疾病によるもののみだとされている。

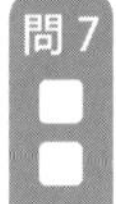

介護予防事業の目的は、64歳以下の人が、今後要介護状態にならないことである。

既に要介護の人は、介護予防の対象にはならない。

答1 ○ 社会リハビリテーションは、**社会**のなかで適応して生活していく**社会生活力**（**SFA**）を高めることを目的としている。

答2 ○ 地域リハビリテーションとは、障害者の**在宅生活**に必要なリハビリテーションを、地域の**社会資源**を活用して、地域ぐるみで支えることである。

答3 ○ ほかに、**理学療法士**は立位訓練等の基本動作訓練を行い、**言語聴覚士**は嚥下訓練（えんげくんれん）や失語症の者への言語訓練などを行う。

答4 ○ リハビリテーション計画には、**長期計画**と**短期計画**があり、計画の作成には**本人**が参加し、意欲や自主性をもてるようにすることが大切である。

答5 × レクリエーション活動のなかで**機能回復**効果のあるものは、リハビリテーションの分野に活用することができる。

答6 × 高齢者がリハビリテーションを必要とする原因には、年齢を重ねるに従い生じてくる**老化**と、高齢者が発症しやすい**疾病**等がある。

答7 × 介護予防事業は、**65**歳以上の高齢者が、**要介護状態**になることを防ぐことを目的としている。

答8 × 介護予防の目的には、既に要介護の場合には、状態の**悪化を防ぎ**、状態の**改善を図る**ことも含まれる。

Lesson 22 介護を必要とする人の理解

同居の要介護者からみた主な介護者は、配偶者が最も多い。

介護が必要となった主な原因を要介護度別にみると、要介護者では脳血管疾患(脳卒中)が最も多い。

身体障害者手帳を所持している者は、障害者総合支援法に基づく居宅サービスを利用できる。

2022（令和4）年中における自殺者を原因・動機別にみると、健康問題が最も多い。

エコマップには、利用者を中心に、家族、地域住民、介護サービス提供事業者、ボランティアなどの社会資源が図示される。

介護福祉職は、自分のライフスタイルや価値観に置き換えて利用者の支援を考える。

夜11時に寝る習慣がある人でも、施設に入所した場合は、施設の就寝時間に合わせてもらう。

家族介護者の悩みに対し、家族の会などの情報を提供することも支援の1つである。

答1 ○

2022（令和4）年の国民生活基礎調査によると、同居の配偶者、子、子の配偶者の順に多く、男女別では女性が68.9%を占め、また、**老々介護**が年々増加している。

答2 ×

介護が必要となった主な原因は、要介護者では**認知症**が最も多く、次いで**脳血管疾患**（**脳卒中**）が多い。(2022〔令和4〕年国民生活基礎調査)

答3 ×

認定調査を受けて、障害支援区分が**判定**された後に、使えるサービスが判明する。

答4 ○

「令和4年中における自殺の状況」によると、自殺の原因・動機としては、**健康**問題が最も多く、次いで**家庭**問題が多くなっている。

答5 ○

エコマップは、課題を抱える利用者に対して、どのような**社会資源**があるか図示し、さらに、その**相関関係**を表したものである。

答6 ×

介護福祉職は、利用者個別の**ライフスタイル**や**価値観**を大切にしながらケアを行わなければならない。

答7 ×

施設利用者の場合にも、それぞれの**多様**な生活に配慮した対応が求められる。

答8 ○

家族介護者やヤングケアラーに、地域の**情報**を**提供**することなども支援方法の1つである。

Lesson 23 介護を必要とする人の生活を支えるしくみ①

問1 地域包括支援センターは、市町村に1つ設置することを基本としている。

問2 地域包括支援センターには、介護福祉士を配置する義務が課せられている。

問3 居宅サービス計画の検証は、地域包括支援センターの業務に含まれる。

問4 虐待の疑いがあったので、地域包括支援センターに相談した。

問5 ケアマネジメントでは、インフォーマルな援助を社会資源として活用することは望ましくない。

問6 訪問介護（ホームヘルプサービス）とは、居宅において、介護福祉士その他政令で定める者から受ける介護その他の療養上の世話である。

問7 訪問介護（ホームヘルプサービス）において、利用者ができない部分を支援しながら一緒に行う洗濯は、生活援助に含まれる。

問8 通所リハビリテーションは、利用者が可能な限り居宅において、能力に応じ自立した日常生活を営めるよう生活機能の維持または向上を目指す。

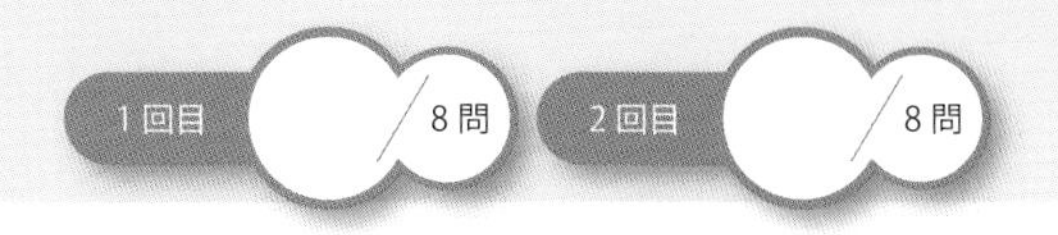

答1 ×
地域包括支援センターは、中学校区を基本に1つ設置する。

答2 ×
地域包括支援センターには、社会福祉士、保健師、主任介護支援専門員（ケアマネジャー）を配置する義務が課せられている。

答3 ○
地域包括支援センターの業務として、居宅サービス計画や施設サービス計画の検証がある。

答4 ○
虐待の疑いがあった場合は、市町村へ通報することになっている。地域包括支援センターは市町村の一機関でもあるので、相談先として正しい。

答5 ×
ケアマネジメントでは、フォーマルなサービスだけでなく、インフォーマルな援助も社会資源として有効に活用している。

答6 ×
訪問介護とは、居宅において、介護福祉士その他政令で定める者から受ける入浴、排泄（はいせつ）、食事等の介護その他の日常生活上の世話である。

答7 ×
訪問介護員(ホームヘルパー)が1人で行う洗濯は、生活援助に該当するが、利用者ができない部分を支援しながら一緒に行う洗濯などの家事行為は、身体介護に該当する。

答8 ○
通所リハビリテーションは、生活機能の維持または向上を目指し、利用者の心身機能の維持回復を図ることを目的としている。

Lesson 23 介護を必要とする人の生活を支えるしくみ②

訪問入浴介護のサービス提供体制の基本は、看護職員２人と介護職員２人である。

福祉用具貸与では、居宅要介護者に対して、厚生労働大臣が定める福祉用具が貸与される。

問 3

福祉用具貸与の品目のうち、車いす付属品、特殊寝台付属品、歩行器は貸与と販売を選択することができる。

特定福祉用具販売では、居宅要介護者の個人生活に使用される福祉用具のうち、価格の低いものが販売される。

介護老人保健施設とは入院は不要だが、医療やリハビリを受けながら家庭復帰を目指す介護施設である。

夜間対応型訪問介護のサービス提供時間は、最低限 22 時から翌朝 6 時までは含まなければならない。

認知症対応型共同生活介護（グループホーム）は、隣の市に住む利用者も利用できる。

小規模多機能型居宅介護では、通いサービス、訪問サービス、短期宿泊サービスを提供する。

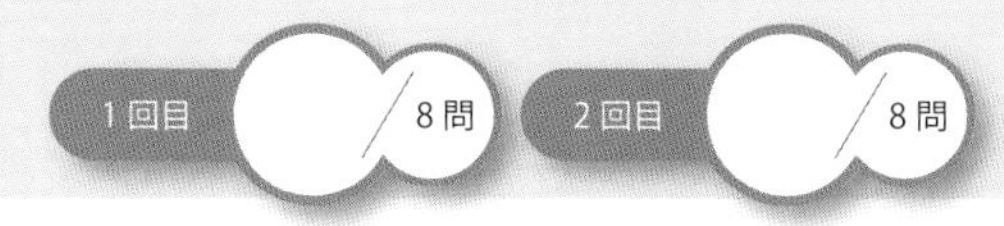

答1 ×
看護職員1人と介護職員2人を基本としているが、主治医の意見を確認した上で、介護職員3人で提供することも可能である。

答2 ○
福祉用具貸与では、居宅要介護者に対して、厚生労働大臣が定める手すり、スロープ、歩行器などの福祉用具が貸与される。

答3 ×
貸与と販売が選択可能なのは、固定用スロープ、歩行器（歩行車を除く）、単点杖（松葉杖を除く）、多点杖である。

答4 ×
特定福祉用具販売では、福祉用具のうち、入浴や排泄（はいせつ）などに使用される貸与になじまない特定福祉用具が販売され、その種類は厚生労働大臣が定めている。

答5 ○
常勤の医師やリハビリの専門職員がいたり、夜間も看護職員が居るところが多いという特徴がある。

答6 ○
サービス提供時間は、夜間対応型訪問介護事業所ごとに設定することができるが、最低限22時から翌朝6時までの間は含めなければならない。

答7 ×
認知症対応型共同生活介護（グループホーム）を含む地域密着型サービスの利用は、事業所のある市町村に住む利用者に限られる。

答8 ○
小規模多機能型居宅介護は、通いサービス、訪問サービス、短期宿泊サービスを、利用者のニーズや心身状態に応じ、適切に組み合わせて提供する。

Lesson 23 介護を必要とする人の生活を支えるしくみ③

小規模多機能型居宅介護事業所の登録定員は、25人以下とされている。

定期巡回・随時対応型訪問介護看護は、定期巡回サービス及び訪問看護サービスの2種類を提供する。

定期巡回・随時対応型訪問介護看護を利用している場合であっても、他の介護サービスを利用することはできる。

療養通所介護は、医師による観察を常に必要とする難病、認知症、脳血管疾患後遺症等の重度要介護者や、がん末期患者を対象にしたサービスである。

介護予防サービス（予防給付）は、介護保険サービスに含まれない。

共生型サービスとして、児童福祉法上の障害児通所支援事業所の指定を受けている事業所は、介護保険によるサービスも提供できるようになった。

障害者総合支援法によるサービスは介護給付、訓練等給付の2つに分類される。

一人で移動ができない障害者の映画館への付添いは、地域生活支援事業に含まれる。

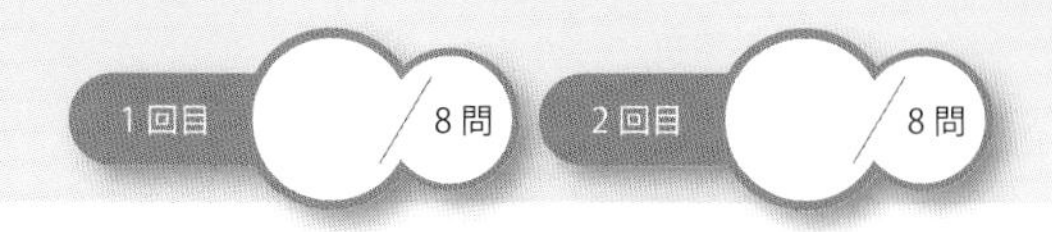

答1 ×

小規模多機能型居宅介護事業所の登録定員は、2015（平成27）年4月に、25人から29人に改められた。

答2 ×

定期巡回・随時対応型訪問介護看護は、定期巡回サービス、随時対応サービス、随時訪問サービス、訪問看護サービスの4種類を提供する。

答3 ○

区分支給限度基準額の範囲内ならば、定期巡回・随時対応型訪問介護看護と他の介護サービスを併行して利用しても保険給付の対象となる。

答4 ×

療養通所介護は、看護師による観察を常に必要とする難病、認知症、脳血管疾患後遺症等の重度要介護者や、がん末期患者を対象にしたサービスである。

答5 ×

介護予防サービス（予防給付）は、要支援に認定された人に提供されるサービスであり、2005（平成17）年に行われた介護保険法の改正によって新設された。

答6 ○

ほかに、障害福祉サービス事業者も含まれている。対象となるサービス内容は、訪問介護、デイサービス、ショートステイである。

答7 ×

フォーマルな障害者福祉サービスには、介護給付、訓練等給付、地域生活支援事業等がある。

答8 ○

余暇活動等社会参加を目的とする外出の付添い（移動支援事業）も地域生活支援事業に含まれる。

Lesson 24 協働する多職種の役割と機能①

地域包括支援センターでの権利擁護業務は、主任介護支援専門員（ケアマネジャー）が担当する。

高齢者虐待防止ネットワーク構築の中心は、警察署である。

社会福祉士が、介護支援専門員の受験資格を得るためには、5年以上の実務経験が必要である。

サービス担当者会議は、サービス提供者の実践力の向上を目的として行われる。

2005（平成17）年に、厚生労働省から医行為の範囲に関する通知が出された。

褥瘡（じょくそう）を起こしている皮膚に軟膏を塗ることは、医行為ではない。

体温計による腋下（えきか）及び外耳道の体温測定は医行為である。

規準を満たした市販のディスポーザブルグリセリン浣腸器による浣腸は、介護福祉士ができる行為である。

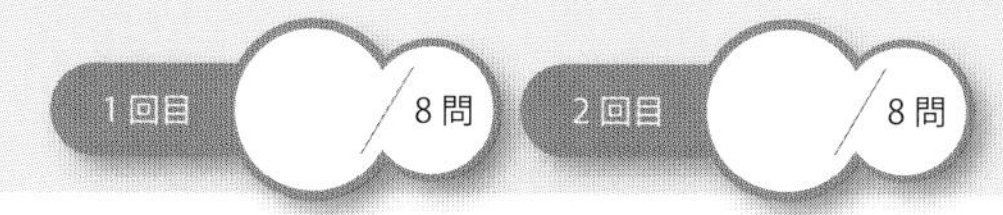

答1 ×

地域包括支援センターでの権利擁護業務は社会福祉士が担当し、主任介護支援専門員はケアマネジャーの支援等を、保健師は相談業務等を基本的に受け持つ。

答2 ×

地域包括支援センターは、地域支援事業として権利擁護事業などを実施しており、高齢者虐待防止ネットワーク構築の中心として位置づけられている。

答3 ○

社会福祉士の資格を取得してから5年以上の相談援助業務の実務経験などが受験の条件となる。

答4 ×

サービス担当者会議は、適切なサービス提供のためにケアプランを作成するにあたって、利用者や家族、各専門職と意見を調整し、連携・協働を促すために行われる。

答5 ○

2005（平成17）年に、厚生労働省から医行為の範囲に関する通知が出され、医行為ではないと考えられるもの11項目が示された。

答6 ×

一定の条件を満たした上で皮膚に軟膏を塗ることは医行為ではないが、褥瘡を起こしている皮膚に軟膏を塗る処置は医行為となる。

答7 ×

体温計による腋下及び外耳道の体温測定は医行為ではないが、口腔舌下（こうくうぜっか）での体温測定は医行為である。

答8 ○

規準を満たした市販のディスポーザブルグリセリン浣腸器による浣腸は、医行為として規制する必要はない。

Lesson 24 協働する多職種の役割と機能②

介護福祉士は、耳垢塞栓の除去を行うことはできない。

看護師とは、傷病者もしくはじょく婦に対する療養上の世話または診療の補助を行うことを業とする者である。

保健師は、疾病の予防や健康増進といった公衆衛生活動を行うため、看護師の業務である療養上の世話や診療の補助はできない。

公認心理師は、心理に関する支援を必要としている利用者のための専門職として、名称独占の国家資格である。

介護保険法において、リハビリテーションの重要性が示されている。

利用者や利用者の家族は、リハビリテーション会議の構成員に含めてはならない。

言語聴覚士は、診療の補助として、嚥下訓練や人工内耳の調整を行うことができる。

作業療法士は、主に利用者の基本的動作能力の回復を図るために作業療法を実施する。

答1 ○

耳垢の除去は医行為として規制されないが、**耳垢塞栓**の除去は医行為として規制される。

答2 ○

看護師とは、厚生労働大臣の免許を受けて、傷病者もしくはじょく婦に対する療養上の**世話**または診療の**補助**を行うことを業とする者である。

答3 ×

保健師と看護師の業務内容は設問の通りだが、保健師は**名称独占**の国家資格で看護師の範囲も網羅しており、**看護師**の業務も行うことができる。

答4 ○

公認心理師は、2015（平成27）年に公布、2017（平成29）年に施行された公認心理師法に基づく心理職初の国家資格である。

答5 ○

介護保険法第4条第1項では、**リハビリテーション**の重要性が示されている。

答6 ×

リハビリテーション会議は、**利用者**及びその**家族**の参加を基本とし、そのほか医師、理学療法士、作業療法士、介護支援専門員なども参加する。

答7 ○

言語聴覚士は、**言語**訓練、必要な検査・助言、指導などを行うほか、診療の補助として、**嚥下**訓練や**人工内耳**の調整なども行う。

答8 ×

作業療法士は、主に**応用的動作**能力または**社会的適応**能力の回復を図るため、手芸や工作などの作業療法を行う専門職である。

Lesson 24 協働する多職種の役割と機能③

理学療法士は、主に利用者の応用的動作能力または社会的適応能力の回復を図るために理学療法を行う。

視能訓練士の業務として、両眼視機能の回復のための矯正訓練が含まれている。

義肢装具士の業務として、義肢・装具の製作が含まれる。

薬剤師は、名称独占の資格である。

民生委員は、都道府県知事の推薦を受けて厚生労働大臣が委嘱している。

民生委員やボランティアは、多職種連携のチームから除かれる。

チームアプローチを実践することにより、サービスが重複してしまう恐れがある。

チームアプローチの実践においては、利用者のニーズについて情報を共有し、共通の目標をもつ必要がある。

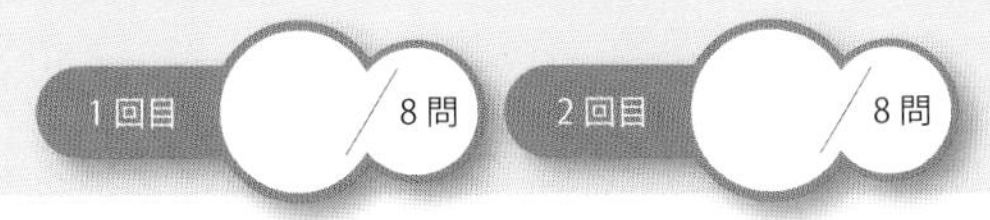

答1 ×
理学療法士は、主に**基本的動作**能力の回復を図るため、治療体操、電気刺激、マッサージ、温熱などの理学療法を行う専門職である。

答2 ○
視能訓練士は、**視能訓練士法**に基づき、医師の指示のもと、両眼視機能に障害のある者に対し、両眼視機能の回復のための**矯正**訓練及び必要な検査を行う専門職である。

答3 ○
義肢装具士は、義肢装具士法に基づき、医師の指示のもと、義肢・装具の装着部位の**採型**、義肢・装具の**製作**、身体への**適合**を行う専門職である。

答4 ×
薬剤師は、薬剤師法に基づく**業務独占**の資格であり、**調剤**、医薬品の供給その他薬事衛生を行う。

答5 ○
なお民生委員は、民生委員法に規定されているが、**民間の奉仕者**であるため、給与は支給されていない。

答6 ×
民生委員やボランティアも、多職種連携のチームに**含まれる**。

答7 ×
チームアプローチを実践することで、各専門職間の連携がとれ、サービスの**重複**などの無駄をなくし、効率的な支援を行うことができる。

答8 ○
チームアプローチの実践の場面では、各専門職が活動するため、利用者のニーズについて**情報**を共有し、共通の**目標**をもつ必要がある。

Lesson 25 介護における安全の確保とリスクマネジメント①

リスクマネジメントとは、危機管理と訳され、事故を未然に防止することである。

65 歳以上の者において、家庭内事故の発生する割合が最も高い場所（屋内）は階段である。

介護保険施設では、「非常災害時に関する具体的な計画」を作成し、定期的な避難訓練を実施する義務がある。

セーフティマネジメントにおいて、利用者の意思決定は重視されない。

通所介護（デイサービス）の送迎中に利用者の体調が急変した場合、事業所への報告を最優先にする。

介護老人福祉施設において、施設サービス提供中に事故が発生した場合、入所者の家族だけでなく、市町村にも連絡する。

インシデント（ヒヤリ・ハット）報告書とは、事故後に家族に連絡・報告した書類をいう。

免疫力や体力が低下している高齢者は感染症に罹患しやすく、重症化することがある。

答1 ○
ハインリッヒの法則があり、1件の事故の発生の背景には29件の軽微な事故があり、その背景には300件のヒヤリ・ハットがあるといわれている。

答2 ×
内閣府「平成30年版高齢社会白書」によると、居室（45.0%）が最も多い。次いで階段（18.7%）、台所・食堂（17.0%）となっている。

答3 ○
介護保険施設や事業所は、非常災害時の関係機関への連携体制と、消防計画や風水害、地震等の災害に対処する計画を整備する必要がある。

答4 ×
セーフティマネジメントとは、安全の徹底に努めることによって、事故の発生そのものを防ぐことである。同時に利用者の主体性の尊重を忘れてはならない。

答5 ×
利用者の体調が急変した場合、利用者の生命・安全を最優先する。安全な場所に停車し、119番通報をするなど、日頃から急変時の対応を訓練しておく必要がある。

答6 ○
事故が発生した場合は、速やかに市町村や入所者の家族などに連絡するとともに、必要な措置を講じなければならない。

答7 ×
事故報告書の説明である。インシデント（ヒヤリ・ハット）報告書は、重大事故に至る恐れがあったが、実際には事故につながらなかった事例を記載した書類である。

答8 ○
免疫力や体力が低下している高齢者は感染症に罹患しやすく、重症化してしまうこともあるので介護にあたっては注意が必要である。

Lesson 25 介護における安全の確保とリスクマネジメント②

問1

介護サービス事業者には、感染症対策の訓練の実施が義務づけられた。

問2

感染防止対策の3原則には、感染源の除去、感染経路の遮断、宿主（人）の抵抗力の向上がある。

問3

疥癬（かいせん）は、ヒゼンダニによる感染症である。

問4

嘔吐（おうと）、腹痛が止まらない利用者に対して、吐物を拭き取る際に、ベンザルコニウム塩化物溶液を用いた。

問5

MRSA（メチシリン耐性黄色ブドウ球菌）は、院内感染を起こす原因菌の1つで、感染予防には介護者の正しい手洗いが重要となる。

問6

処方された抗菌剤は、残っていても、症状が回復したら飲むのをやめる。

問7

介護福祉職には、利用者が服用している薬についての知識は必要ない。

問8

多床室の施設における排泄介助（はいせつかいじょ）では、一部屋の介助が終わるたびに手袋をはずして手洗いをする。

答1 ○

2021（令和3）年度介護報酬改定により、現行の感染症対策に、訓練の実施の義務が加えられた。

答2 ○

感染防止対策の3原則には、感染源の除去（患者の隔離、汚染源の消毒など）、感染経路の遮断（上下水道の整備、汚物処理など）、宿主（人）の抵抗力の向上がある。

答3 ○

疥癬は、ヒゼンダニ（疥癬虫）による感染症で、夜間に指の間や腋の下等に激しいかゆみが起こる。感染者の入浴は最後にするなどの対策をとる。

答4 ×

このようにノロウイルスの感染の疑いがある場合は、次亜塩素酸ナトリウムを用いて消毒する。

答5 ○

多種類の抗生物質に抵抗力を示すMRSAは、院内感染を起こす原因菌の1つで、感染予防には介護者の正しい手洗いが重要となる。

答6 ×

処方された抗菌剤を途中でやめると、菌の耐性度が増す場合があるため注意する。

答7 ×

利用者が処方された薬剤を適切に服用できるよう環境を整え支援する必要がある。

答8 ×

標準予防策（スタンダード・プリコーション）では、ほかの利用者のケアに入る前に、手袋をはずして手洗いをすることが示されている。

Lesson 26 介護従事者の安全

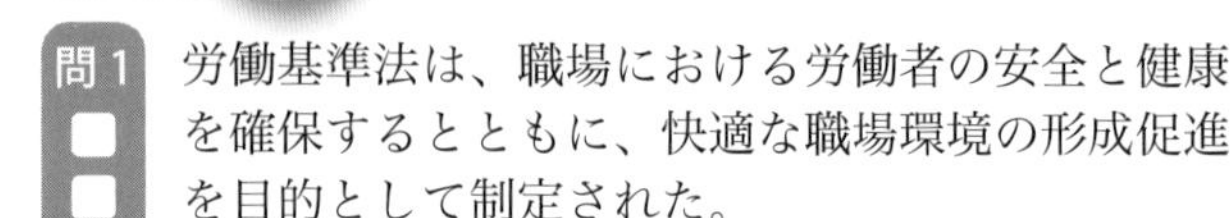

労働基準法は、職場における労働者の安全と健康を確保するとともに、快適な職場環境の形成促進を目的として制定された。

労働基準法は、労働時間について、1日10時間、週50時間を超えてはならないと規定している。

労働安全衛生法は、職場における労働者の安全と健康を確保するための体制づくりを事業者に義務づけている。

従業員数が50人以上の事業場の雇用主には、年に1回全従業員を対象にストレスチェックを行うことが義務づけられている。

介護従事者の職場における腰痛は、労働災害として補償される。

育児・介護休業法における育児休業期間は、原則として子の出生日から3歳に達する日までの間で労働者が申し出た期間である。

同居していない祖父母や孫は介護休業の対象にならない。

小学校入学前の子が病気をしたときには、子の看護休暇を1時間単位で取ることができる。

答1 ×

労働基準法は、事業主が労働者を使用する場合の最低限必要な**労働条件**を定め、立場が弱い**労働者**の保護を図ることを目的として制定された。

答2 ×

労働基準法第32条において、使用者は労働者に、1日**8**時間、週**40**時間を超えて労働させてはならないと規定されている。

答3 ○

労働安全衛生法では、他にも、労働災害の防止に関する措置への協力などが定められている。

答4 ○

労働安全衛生法の規定により、従業員数が50人以上の雇用主には年に1回の**ストレスチェック**の実施が義務づけられている。50人未満の場合は努力義務。

答5 ○

職場での**転倒**や**通勤途中の事故**なども、基本的に**労働災害**として補償される。

答6 ×

育児休業期間は、原則として子が**1**歳に達するまでの間で**労働者**が申し出た期間であり、保育所に入所できないなど一定の場合は最長で2歳まで認められる。

答7 ×

2017（平成29）年、**育児・介護休業法**の改正により、介護休業等の対象家族の**同居・扶養要件**が削除された。

答8 ○

「育児・介護休業法」の改正により、**2021（令和3）年1月**から、子の看護休暇、介護休暇が**時間単位**で取得可能になった。

◎重要ポイントを まとめてチェック！

■介護福祉士の義務等

誠実義務	担当する者が個人の尊厳を保持し、自立した日常生活を営めるよう、常にその者の立場に立って、誠実にその業務を行わなければならない。
信用失墜行為の禁止	介護福祉士の信用を傷つけるような行為をしてはならない。
秘密保持義務	正当な理由がなく、その業務に関して知り得た人の秘密を漏らしてはならない。これは、介護福祉士でなくなった後においても同様である。
連携	業務上、担当する者に認知症であること等の状況に応じ、福祉サービス等が総合的かつ適切に提供されるよう、福祉サービス関係者等との連携を保たなければならない。
資質向上の責務	介護等を取り巻く環境の変化による業務内容の変化に適応するため、介護等の知識及び技能の向上に努めなければならない。
名称の使用制限	介護福祉士でない者は、介護福祉士という名称を使用してはならない。

■ ICF（国際生活機能分類）の構成要素

生活機能	心身機能 身体構造	心身機能は身体の生理的・心理的機能を意味し、身体構造は各器官や肢体などの身体の解剖学的部分を意味する。
	活動	個人の課題・行為に対する遂行を意味する。
	参加	人生場面や生活へのかかわりを意味する。
背景因子	環境因子	生活機能と障害への外的影響を意味する。
	個人因子	生活機能と障害への内的影響を意味する。

■訪問介護の支援範囲

生活援助	•掃除や洗濯 •ベッドメイク •衣類の整理 •一般的な調理と配膳 •薬の受け取り など
身体介護	•食事等の介助 •糖尿病食や流動食の調理 •体温測定 •身体整容 •体位変換 など
通院等乗降介助	•通院のための移動 •受診手続 など

※ 2021（令和3）年の改正により、居宅と医療機関を結ぶ移送についても算定できるようになった。

5章 コミュニケーション技術

Q&A

この科目では、「反復」や「要約」などのコミュニケーション方法や、利用者の障害や疾患に合わせたコミュニケーション方法を中心に理解しておきましょう。
また、事例形式の問題も複数問出題されるので、過去問題を繰り返し解いて、出題パターンに慣れておきましょう。

Lesson 27 介護を必要とする人とのコミュニケーション

援助関係は、契約終了後も継続する。

意思決定支援は、利用者と担当者の間で行われるものである。

SOLER 理論の S は Squarely、O は Open、L は Lean、E は Eye contact、R は Relaxed である。

認知症の人とのコミュニケーションは、専門的な言葉で説明を繰り返すことが一番有効である。

問 5

会話をするときの場所の明るさやお互いの位置関係への配慮は、コミュニケーションを促すきっかけになる。

相手に影響を与える重要性が高い自己開示と、自分自身が打ち明けることに重きをおく自己呈示は区別されている。

イーガン（Egan, G.）は、利用者とのかかわりを示す５つの基本動作を、SOLER 理論として示した。

ジョハリの窓（Johari Window）では、自分自身の心全体が窓枠と想定され、開放部分、盲点部分、秘密部分、未知部分に分割されている。

答1 ×

対人援助職の**援助関係**は、契約開始から契約終了までの関係である。

答2 ×

意思決定支援は、**利用者**や**家族**も含めた**チーム**で行うことが原則である。

答3 ○

S は **Squarely**、O は **Open**、L は **Lean**、E は **Eye contact**、R は **Relaxed** で、それぞれの頭文字をつなげて SOLER（ソーラー）という。

答4 ×

認知症の人へのコミュニケーションの基本は、**わかりやすい言葉**で、**ゆっくり**、**短く**、**簡潔**に行うことである。

答5 ○

お互いの**距離**や**位置関係**（対面、直角、並列）、花などの有無や部屋の**明るさ**、**匂い**や**服装**などに配慮することで、会話が弾みやすくなる。

答6 ×

相手に影響を与える重要性が高い**自己呈示**と、自分自身が打ち明けることに重きをおく**自己開示**は、区別されている。

答7 ○

イーガンは、利用者とのかかわりを示す 5 つの基本動作を、**5** つの言葉の頭文字をとって **SOLER 理論**として示した。

答8 ○

自分自身の心全体を窓枠と想定したジョハリの窓は、**開放**部分、**盲点**部分、**秘密**部分、**未知**部分の 4 つに分割されている。

介護場面における利用者・家族とのコミュニケーション①

介護福祉職は、利用者との会話の中で沈黙の時間を作らないよう気をつける。

利用者が話をしているときは、話のじゃまをしないように、相づちやうなずきを入れないようにする。

傾聴とは、相手の話に深く耳を傾け、話の内容や求めているものを感じ取り、洞察することである。

明確化とは、相手の話の内容を整理し、質問をするなどして確認し、内容をはっきりさせることである。

言いかえとは、相手の言葉を、そのまま繰り返して伝えることである。

焦点化とは、相手とのやりとりの中から重要な点を取り出し、まとめてから相手に返すことである。

要約とは、会話の内容をわかりやすく要点をまとめて相手に伝えることである。

コミュニケーションを妨げている要因には雑音があり、物理的な環境のみを解決すれば解決する。

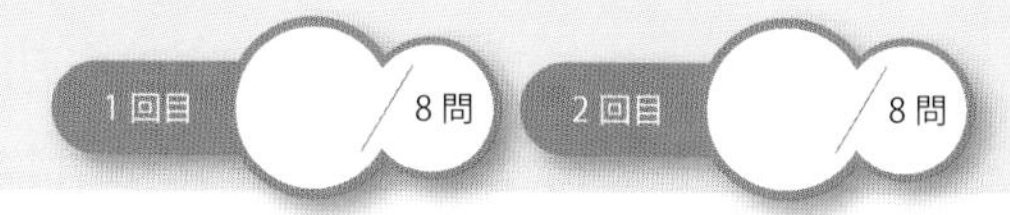

答1 ×

言語的コミュニケーションをもたない時間のことを沈黙といい、利用者は混乱した自分の考えをまとめ、自己理解を深めることが可能となる。

答2 ×

利用者が話をしているときは、適度に相づちやうなずきを入れて、聞いていることを示すようにすると、利用者は話がしやすくなる。

答3 ○

相手の話に深く耳を傾け、話の内容や求めているものを感じ取り、洞察することを傾聴といい、受容や共感などの出発点となる面接技法の1つである。

答4 ○

相手の話の内容を整理し、質問をするなどして確認し、内容をはっきりさせることを明確化という。

答5 ×

言いかえとは、相手の言葉を、よりわかりやすい言葉に置き換えて伝えることである。そのまま繰り返して伝えることは反復という。

答6 ○

相手とのやりとりの中から重要な点を取り出し、まとめてから相手に返すことを焦点化という。

答7 ○

会話の内容をわかりやすく要点をまとめて相手に伝えることを要約という。

答8 ×

騒音や環境など物理的雑音の他に、身体の障害や補聴器の不調など身体的雑音、心配ごとや誤解など心理的雑音がコミュニケーションを妨げる要因となる。

Lesson 28 介護場面における利用者・家族とのコミュニケーション②

面接では、開かれた質問をする方が、相手の気持ちを理解しやすい。

問2

面接では、利用者の言語的コミュニケーションに着目し、非言語的コミュニケーションに気をとられないように注意することが大切である。

「本日はどのような相談があってお見えになったのですか」は、開かれた質問である。

「わたしはあの映画にとても感動しましたが、あなたはどのように感じましたか」は、閉じられた質問である。

問5

運動性失語がある者に対して、閉じられた質問を用いて会話を図ることは有効である。

高齢の利用者ほど、短い文で問いかけるよう心がける。

統合失調症の者が妄想の内容を話した場合には、客観的に事実ではないことを伝える。

聴覚障害者のコミュニケーションにおいては、聴覚を失った時期によってコミュニケーション方法が異なる傾向がある。

答1 ○ 面接では、自分の言葉で語ることができる開かれた質問（オープン・クエスチョン）をする方が、相手の気持ちを理解しやすい。

答2 × 面接では、利用者の言語的コミュニケーションだけでなく、声の調子、顔の表情、身体の動き等の非言語的コミュニケーションについても注意する。

答3 ○ 開かれた質問（オープン・クエスチョン）は、相手の判断で自由に意見を述べることができる質問技法である。相手の主訴を把握する際は、開かれた質問が有効である。

答4 × 閉じられた質問（クローズド・クエスチョン）とは、答えが「はい」や「いいえ」となる質問をいう。設問のように質問者の評価が含まれている質問は評価的な質問である。

答5 ○ 運動性失語に対しては、絵や写真など視覚化された情報や、閉じられた質問（クローズド・クエスチョン）を活用して、コミュニケーションを図ることが有効である。

答6 ○ 年齢が上がるにつれワーキングメモリーが低下するため、短い問いかけを心がける。

答7 × 統合失調症がある者が妄想の話をした場合、その者にとっての事実ととらえ、受容する姿勢をみせ、否定も肯定もせずにかかわる。

答8 ○ 聴覚障害者のコミュニケーションにおいては、一般に、先天性聴覚障害者では手話が、中途障害者では筆談が有効であるという傾向がある。

Lesson 28 介護場面における利用者・家族とのコミュニケーション③

抑うつ状態の利用者への対応として、沈黙している理由を問いただすことが適切である。

アルツハイマー型認知症がある利用者が同じ話を繰り返す場合は、同じ話をしていることをきちんと指摘する。

BPSD（認知症の行動・心理症状）がみられる利用者が「何もやる気がしない」という場合には、がんばるように励まし続けるという対応をとる。

バイステックによる非審判的態度の原則とは、援助者が自分の価値観で利用者を批判しないことである。

バイステックによる自己決定の原則とは、利用者が自らの判断をもとに決定することである。

バイステックによる意図的な感情表出の原則とは、援助者が自由に感情を表出できるように、利用者とかかわることである。

バイステックによる秘密保持の原則とは、利用者から知り得た事柄の秘密を保持することである。

バイステックによる統制された情緒的関与の原則とは、利用者の価値観や考え方を尊重し、利用者を非難したり裁いたりしないことである。

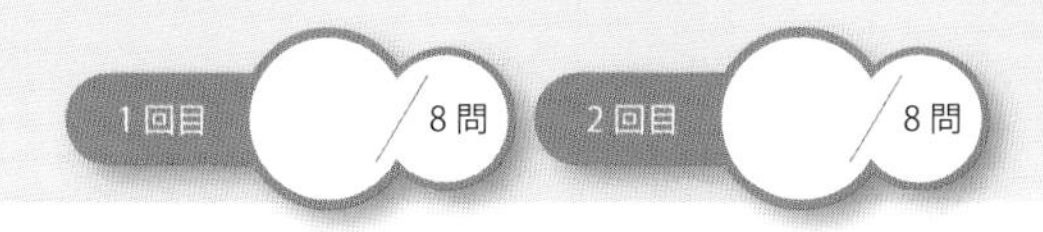

答1 ×
抑うつ状態の利用者には、見守っていることを伝えることが適切な対応である。

答2 ×
同じ話を繰り返す場合であっても、その話を受容し、話の内容に沿った会話をすることによって、コミュニケーション意欲の維持・向上を図る。

答3 ×
BPSD（認知症の行動・心理症状）がみられる利用者が「何もやる気がしない」と発言した場合には、その気持ちに共感的な理解を示す必要がある。

答4 ○
利用者の価値観や考え方を尊重し、援助者が自分の価値観で利用者を批判しないことを、非審判的態度の原則という。

答5 ○
自己決定の原則とは、利用者が自らの判断をもとに決定することである。援助者は、利用者が自立の方策を決定できるように支援する。

答6 ×
利用者が自由に感情を表出できるように、意図的にかかわることを、意図的な感情表出の原則という（例：自分の愚痴を先に言う）。

答7 ○
秘密保持の原則とは、利用者に関する情報は、利用者自身の承諾なしに他者に開示しないなど、知り得た事柄の秘密を保持することである。

答8 ×
統制された情緒的関与の原則とは、援助者が自らの感情を自覚して適切にコントロールし、利用者にかかわることである。

Lesson 29 介護におけるチームのコミュニケーション

記録は、利用者に対して援助がどのように行われたかを示す客観的な資料となる。

問2

利用者の介護記録は、担当職員が個人的に管理しなければならない。

問3

介護記録は、利用者や家族が希望すれば、開示したりコピーを渡すなどしなければならない。

USB フラッシュメモリは、持ち運びが容易なため、情報管理に適している。

利用者情報を管理しているパソコンにウイルス対策ソフトを用いていれば、情報が漏れることはない。

多職種協働チームの会議では、メンバーは共通の視点からの情報を出し合う。

ケアカンファレンスは、チームケアのスーパービジョンの場でもある。

会議には、ファシリテーション技術とプレゼンテーション技術が必要である。

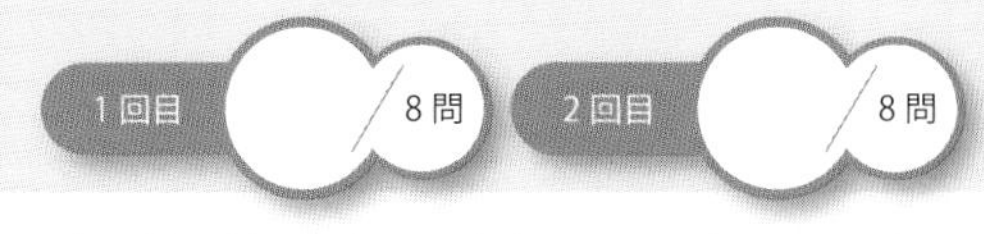

答1 ○

記録は、利用者に対して**援助**がどのように行われたかを示す**客観的**な資料となり、援助者の**責任**を明確にすることができる。

答2 ×

利用者の**介護記録**は、事業所や施設で適切に管理しなければならない。

答3 ○

介護記録は事業所外のチーム内での**情報共有**や、受診の際の**情報提供**にも用いられる。なお、コピー代などの実費は請求できる。

答4 ×

USB フラッシュメモリは、小型で軽量であるため、**紛失**や**盗難**のリスクが高く、情報管理に適しているとはいえない。

答5 ×

プリントアウト紙の誤った**管理**やメールの**誤送信**などによって情報が漏洩してしまう恐れがある。

答6 ×

多職種協働チームにおいて、メンバーは**専門職**としての**視点**からの情報や見解を出し合う。

答7 ○

情報共有と問題解決を目的とするケアカンファレンス（事例検討）は、**スーパーバイザー**が管理的・教育的・支持的機能の支援を働きかける場となり得る。

答8 ○

効果的な**会議**には、**ファシリテーション**（会議・運営）技術と**プレゼンテーション**（情報伝達）技術が必要である。

◎重要ポイントを　まとめてチェック！

■代表的なコミュニケーション技法の特徴

自己開示	援助者の名前、所属、役割等を利用者に伝えることで、利用者が援助者自身を理解し、安心感を与える。
表現の明確化	利用者が上手く表現できない場合に、その内容について、援助者がくみ取って明確に表現する。
傾聴	援助者が、利用者にとって話しやすい表情、視線、態度をとり、利用者の話を受容的に聴く。利用者の話す内容だけでなく、感情や価値観なども総合的に聴く必要がある。
要約	援助者が利用者の発言内容をまとめながら表現することで、利用者自身が自分の発言内容を理解し、問題の焦点を明確にできる。
反復	利用者が話した内容を、援助者がそのまま繰り返して返答することによって、利用者自身が自分の発言内容について考えることができる。
沈黙	利用者が話の途中で黙ってしまった場合などにおいて、利用者が考える時間をもつために、援助者が意図的に黙り、利用者から話すのを待つ。

■質問技法の種類

開かれた質問	利用者が自由に意見・表現できるようにする質問方法であり、利用者の主訴や意見を聴く際に活用される。
閉じられた質問	利用者が「はい」または「いいえ」のどちらかで答えられる質問技法であり、利用者の基本情報を確認する際などに活用される。
重複した質問	複数の質問を同時にたずねる質問方法
なぜの質問	「なぜ……なのですか？」のようにたずねる質問方法
評価的な質問	質問者の質問の中に、質問者の評価や価値観が含まれている質問方法

6章 生活支援技術

Q&A

この科目では、食事や入浴などの場面に応じた介護の方法を中心に学習していきます。試験では、問題文に性別や障害・疾患などの条件が設けられることが多くみられるので、介護方法の基礎をしっかりと学習した上で、障害・疾患に応じた方法も理解することが求められます。また、近年は図やマークを見て答えるビジュアル問題もたびたび出されます。

Lesson 30 生活支援の理解

生活支援では、介護福祉職のもつ知識よりも、経験を重視しなければならない。

生活支援を行う際は、利用者の生活歴を理解して行うことが望ましい。

生活支援を行うときの視点としては、利用者のできないことに焦点を当てる。

介護福祉士は、利用者の価値観を理解し、尊重しなければならない。

ICF の視点で見ていくと、それぞれの利用者の共通点を見出すことができる。

廃用症候群とは、身体や精神の機能を使わない状態が長く続くことによって、機能が低下することである。

人間の日常生活における基礎生活とは、仕事、地域活動、教育活動などのように、社会参加することが主な内容である。

チームアプローチにおいては、各専門職が主体となり利用者の生活を支える。

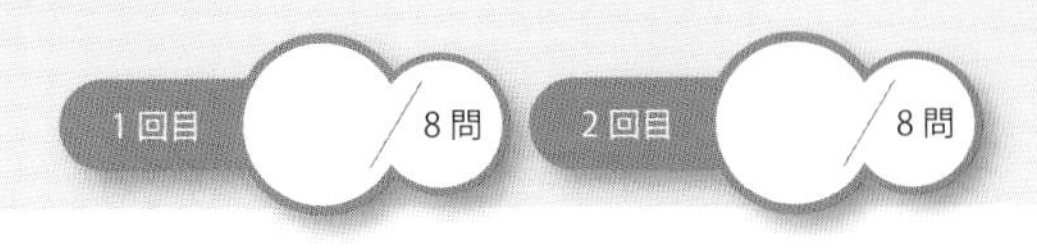

答1 ×
介護福祉職は、その有する知識や経験をどちらも活かして、利用者の生活を支援していくことが求められる。

答2 ○
生活支援では、あらかじめ、利用者の心身状態、ニーズ、生活歴などを把握し、十分に理解した上で実践していく。

答3 ×
生活支援では、利用者のできることに焦点を当て、利用者が有する残存能力を活用した生活支援を提供していく。

答4 ○
利用者の歩んできた人生や生活から、生活習慣や価値観、意思の尊重に努める必要がある。

答5 ×
ICF の視点で見ていくと利用者の個別性を見出すことができる。

答6 ○
身体や精神の機能を使わない状態が長く続くことによって機能が低下することを、廃用症候群（生活不活発病）という。

答7 ×
基礎生活とは、食事、排泄（はいせつ）、睡眠などのように日常生活動作が主な内容で、人間の生命を維持するために必要なものをいう。

答8 ×
利用者主体の生活を多職種が専門性を活かして支えることが、チームアプローチである。

Lesson 31 自立に向けた居住環境の整備

ユニバーサルデザインとは、障害者を対象とする施設や製品などのデザインである。

高齢者にとって、床座は家具からの転落の危険性が高まる。

高齢者の転倒事故を防止するには、滑りにくい床材にし、段差をなくすとよい。

バリアフリーとは、障壁となるものが取り除かれて生活しやすくなった状態である。

階段に手すりをつける場合は、上りの利き手側に手すりをつけることが優先される。

ヒートショックとは、急激な温度変化によって人体に影響を及ぼすことをいう。

シルバーハウジングの入居対象は、高齢の単身者のみである。

熱中症は、屋内でも発生する場合がある。

答1 ×
ユニバーサルデザインは、文化や言語等の違い、年齢や性別、障害の有無等を問わず利用可能な施設や製品などのデザインであり、対象を障害者に限定しない。

答2 ×
家具からの転落の危険性は、床座よりいす座の方が高い。

答3 ○
高齢者の転倒事故を防止するには、滑りにくい床材にし、段差はなくすことが望ましい。つまずきは、わずかな段差でも起きるので注意する。

答4 ○
障壁となるものが取り除かれて生活しやすくなった状態のことを、バリアフリーという。障壁には、仕切りや段差以外にも、意識や情報提供も含まれる。

答5 ×
両側に手すりをつけることが望ましいが、片方につける場合は、階段を下るときの利き手側に設置することが望ましい。

答6 ○
ヒートショックの例として、脱衣室と浴室の温度差が大きいと、心臓に負荷がかかり、心筋梗塞などを生じやすくなることが挙げられる。

答7 ×
シルバーハウジングは、公営住宅であり、高齢者、障害者の単身者とその配偶者が入居できる。

答8 ○
熱中症は、高温多湿などが原因となり発症するものであり、屋外だけでなく、屋内でも発生する。

Lesson 32 住宅改修

住宅改修費の支給限度基準額は10万円である。

市町村は厚生労働大臣が定める種類の住宅改修費の支給を行う。

取り外し可能な手すりの設置は、住宅改修費の対象工事に含まれる。

便座の向きの変更は、介護保険の住宅改修費の対象工事に含まれる。

玄関前通路のコンクリート舗装（ほそう）は、住宅改修の対象工事に含まれない。

ガスコンロから電磁調理器への取り替えは、住宅改修費の対象工事に含まれる。

引き戸の新設置は、住宅改修費の対象工事に含まれる。

すでに住宅改修費を受給した者であっても、要介護度が3段階以上高くなった場合には、再度住宅改修費を受けることができる。

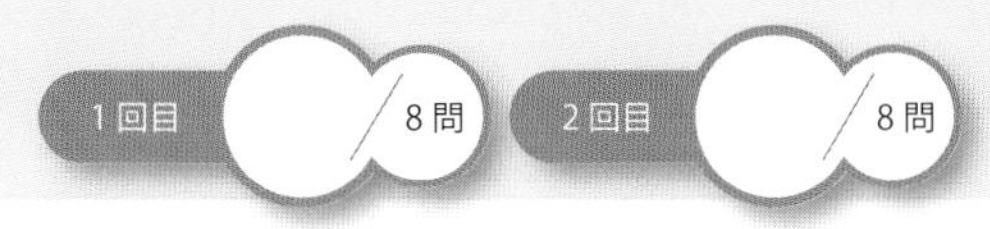

答1 ×

住宅改修費の支給限度基準額は20万円であり、そのうち9割（所得によっては7割または8割）分が支給され、残りは自己負担となる。

答2 ○

住宅改修費は、改修前に市町村へ**事前申請**し、許可を得た後に改修し、その報告を行って了承を得た場合に支給される。

答3 ×

住宅改修費の対象は、**工事**を伴う手すりの設置である。取り外し可能な手すりのように工事を伴わない手すりは、介護保険の**福祉用具貸与**の対象となる。

答4 ○

便座の**向き**や**位置**の変更は、立ち上がりを容易にするものとして住宅改修費の対象工事に含まれる。他にも和式から洋式便器への取り替えも対象となる。

答5 ×

床・**通路の材料変更**は、住宅改修の対象工事に含まれる。住宅の出入口から道路までを平らにすることは、歩行や車いす走行がしやすくなり、**安全な外出**にもつながる。

答6 ×

ガスコンロから**電磁調理器**への取り替え、住宅用火災警報器の設置、緊急通報装置の設置などは、住宅改修費の対象外となる。

答7 ○

引き戸の新設、ドアノブの変更、戸車の設置等は、本人の**自立支援**を促せるという観点から、住宅改修費の対象工事に含まれる。

答8 ○

すでに住宅改修費を受給した者であっても、要介護度が3段階以上高くなった場合や**転居**した場合は、再度住宅改修費を受けることができる。

Lesson 33 自立に向けた移動の介護①

歩行補助具のうち、四点杖（よんてんづえ）は握りをへその高さに調整して用いる。

問 2

脳血管疾患の後遺症における歩行訓練で杖（つえ）を使う場合には、患側の足－杖－健側の足の順に出して歩くとよい。

片麻痺（かたまひ）の人が杖を使って階段を上がる際は、杖－患側の足－健側の足の順に出す。

視覚障害者を歩行誘導する際、安全に対する情報は立ち止まって伝える。

問 5

車いすによる外出支援において、外出中は、歩行しないので靴は用意しなくてよい。

車いすで砂利道（じゃりみち）を通る場合は、キャスター（前輪）を上げて、利用者に振動が伝わりにくいようにする。

車いすで電車に乗る場合は、電車に対して車いすを直角にし、前向きに乗車する。

車いすの介助をしてエレベーターを利用するときは、介護者が周囲の安全を確認してから降りる。

答1 ×

握りを大転子の高さに合わせるのが目安で、これはT字杖と同じである。足先より15cmほど外側に杖先を置いて肘を30度ほど曲げた高さでもよい。

答2 ×

脳血管疾患の後遺症における歩行訓練で杖を使う場合には、健側に杖をもち、杖－患側の足－健側の足の順に出して歩くとよい。

答3 ×

片麻痺の人が杖を使って階段を上がる際は、杖－健側の足－患側の足の順に出すとよい。

答4 ○

階段、交差点などの手前では、立ち止まって情報を伝えて安全確認をしてから進む。

答5 ×

車いすによる外出支援において、外出時には靴を履いてもらうなど、場面に合わせた身だしなみに整えるように支援する。また、靴を履くことは足先の保護にもつながる。

答6 ○

車いすで砂利道を通る場合は、ティッピングレバーを踏み込み、キャスター（前輪）を上げて、利用者に振動が伝わりにくいようにする。

答7 ○

車いすで電車に乗る場合は、電車に対して車いすを直角にし、ティッピングレバーを踏み込んでキャスター（前輪）を上げ、前向きに乗車する。

答8 ○

エレベーター利用の際は、扉の溝にキャスターがはまらないようまっすぐに進む。降りる際は介助者が出口付近の安全を確かめてから降りる。

Lesson 33 自立に向けた移動の介護②

重心線が支持基底面の外側にあることで、身体が安定する。

問2

ベッド上の移動介護では、利用者の身体とベッドの接する面積を狭くするとよい。

問3

ベッド上の移動介護では、介護者の重心と利用者の重心との距離が離れている方がよい。

問4

臥位（がい）から座位への介護では、利用者の腰部を支点にして、ベッド上の移動介護を行う。

移乗用リフトの使用は、利用者の自立を妨げる。

スライディングボードは立位保持ができない利用者が移乗時に使用する。

自力で寝返りができない場合、2時間以内を目安に体位変換を実施し、褥瘡（じょくそう）予防を図る。

自力で腰を上げることができない人をベッド上で水平移動する場合は、利用者の背部や腰部などへの摩擦力が増す方法を検討する。

答1 ×

支持基底面の内側に重心線が入っている時に、身体の安定が保たれる。

答2 ○

利用者の両手や両足を組み、支持基底面積を狭くすることで、力の分散が抑えられるだけでなく、摩擦が少なくなり、容易に行えるようになる。

答3 ×

介護者と利用者の重心を近づけることで、介護者自身の負担が軽減される。

答4 ×

臥位から座位への介護では、利用者の臀部（でんぶ）を支点にして、ベッド上の移動介護を行うことによって、介護者自身の負担が軽減される。

答5 ×

福祉用具を、利用者の状態・状況・能力に応じて選定することにより、利用者の自然な動きを活用することができ、参加・活動の機会が増えることが期待される。

答6 ○

スライディングボードの上で利用者の身体をすべらせて移乗することで、利用者、介護者双方の負担を減らすことができる。

答7 ○

自力で寝返りができない利用者に対しては、2時間以内の体位変換の実施や、栄養管理の徹底などによって、褥瘡の予防を図らなければならない。

答8 ×

設問の場合は、利用者の身体を小さくまとめ、スライディングシートなどを使用してできる限り摩擦力を軽減させることが求められる。

Lesson 34 自立に向けた身じたくの介護①

「身じたく」は、ICF（国際生活機能分類）の生活機能の「活動」の１つである。

天然繊維には、植物性繊維と動物性繊維があり、アレルギー反応を起こしにくいのは動物性繊維である。

高齢者の肌着の素材には、一般的には天然繊維が適している。

整髪は、外出するときのみ、身だしなみの介護として行う必要がある。

介護福祉職が行う場合、耳垢塞栓（じこうそくせん）はぬるま湯で柔らかくして取り除く。

足指の清潔を保持することは、爪白癬（つめはくせん）の予防につながる。

口腔（こうくう）ケアは、唾液分泌量や味覚の回復が期待できる。

口腔（こうくう）ケアは、口の中を清潔に保つことができるが、誤嚥性肺炎（ごえんせいはいえん）を予防することはできない。

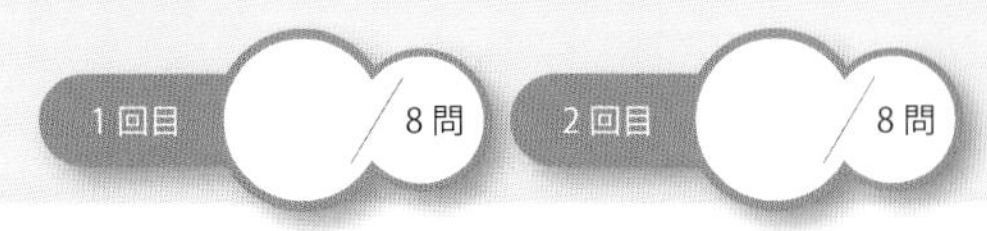

答1 ○

「身じたく」は、ICF（国際生活機能分類）の生活機能の「**活動**」の１つで、健康状態、心身機能・身体構造、参加、**環境**因子や**個人**因子と相互に関係している。

答2 ×

天然繊維には、**植物性繊維**と**動物性繊維**がある。アレルギー反応を起こしにくいのは、綿や麻等の**植物性繊維**である。

答3 ○

高齢者の肌着の素材には、一般的にはアレルギー反応を起こしやすい**化学繊維**よりも、アレルギー反応を起こしにくい**天然繊維**が適している。

答4 ×

ブラッシングなどの整髪は、身だしなみを整えたり髪の汚れをとったりする他に気分転換や**生活のリズム**をつけるのに有効である。

答5 ×

耳垢塞栓の場合は、**医療職**に報告して取り除いてもらう。

答6 ○

爪白癬の予防としては、足指を石けんでよく洗った後、水分を拭き取ってよく**乾燥**させることによって清潔を保つことが大切である。

答7 ○

口腔ケアをしなければ口腔内に食物残渣などが溜まり、唾液腺をふさいだり、細菌などが増え、**舌苔**となって味覚が低下することもある。

答8 ×

口腔ケアは、口の中を**清潔**に保つだけでなく、細菌の繁殖を防いで**誤嚥性肺炎**を予防することができる。

Lesson 34 自立に向けた身じたくの介護②

嚥下機能が低下している利用者に対する口腔ケアでは、スポンジブラシは、水気をよく絞って使用する。

義歯が本人に合っている場合には、義歯を外さないで口腔ケアを行う。

衣類は、利用者の身体能力に応じて介護福祉職が選択する。

下着は、入浴するときに着替えることが望ましい。

着衣失行がある場合、着替えの手順は、動作に合わせて簡潔に伝えるとよい。

片麻痺の利用者のベッド上での着替えは、上着の患側肩口を広げてから健側の袖を脱ぐとよい。

片麻痺の利用者が座位で着替える場合、介護者は利用者の健側に立つ。

利用者が脱いだ衣類は、内側に丸めて脱衣かごなどに入れる。

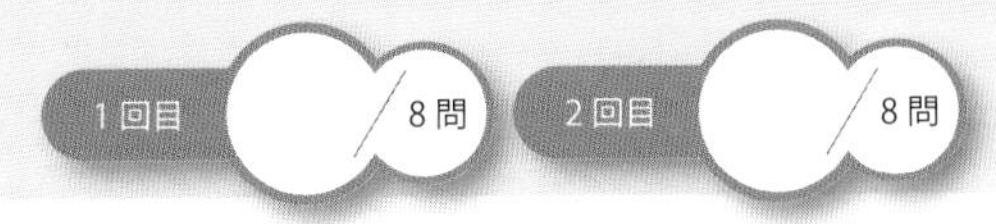

答1 ○

スポンジブラシは、したたるほどの水を含ませて使用すると誤嚥を生じる恐れがあるため、水で湿らせ、よく絞ってから使用する。

答2 ×

義歯をしている者は、その義歯が合っている場合であっても、義歯を外してから口腔ケアを実施する。

答3 ×

衣類は、利用者の好みや意思により利用者が選択することが基本である。利用者が選択できない場合は、状況に応じて介護者が選択の手助けをする。

答4 ×

下着は、汗や垢、排泄物などの汚れを吸着しているため、毎日着替えることが望ましい。

答5 ○

着衣失行がある場合、焦らせたり、同時に複数のことを伝えたりすると利用者の混乱をまねくことがある。

答6 ○

患側の肩口を広げておくと、健側の袖ぐりを下げることができ、健側の袖が脱ぎやすくなる。

答7 ×

利用者がバランスを崩したときに、患側に倒れる恐れがあるため、患側に立つ。

答8 ○

脱いだ衣類から、汚れやはがれた皮膚などを広げないよう、内側に丸めておく。

Lesson 35 自立に向けた食事の介護①

食事は、完食のみを目指すものである。

食事は、寝る場所と同じ場所でとることが望ましいとされている。

食事の介助では、介護者は利用者と同じ高さの目線になるようにするとよい。

椅子に座って食事をする時は、つま先が床についていることを確認する。

食事後は、すぐにベッドで横になり休むとよい。

初めにお茶や汁物で口の中を湿らせてもらうことは、食事介助の基本である。

認知・知覚機能が低下している利用者の食事介助では、クロックポジションを用いるとわかりやすい。

不随意運動（アテトーゼ）型の脳性麻痺（のうせいまひ）で安定した座位保持が困難な場合には、ベッド上で食事を行うのが最もよい。

答1 ×

利用者の食事の様子は**健康状態**の把握の手がかりとなる。介護者は完食のみを目指すのではなく、食事量や水分量、好みなどを知り、いつもと違う場合は医療職と連携を図る。

答2 ×

食事は、寝食分離の観点から、**寝る場所**と別の場所でとることが望ましいとされている。

答3 ○

食事の介助では、介護者は利用者と同じ高さの**目線**になるように、椅子などに座り、落ち着いて介助するとよい。

答4 ×

安定した姿勢で食事をするために、**足底**（**足の裏全体**）が床についていることを確認する。

答5 ×

食事後すぐに臥位になると誤嚥を生じる恐れがある。また、消化を助けるために**30**分程度は横にならずに**安楽**な姿勢で休むようにするとよい。

答6 ○

食事介助の際に、最初にお茶や汁物を飲んで、利用者に口腔内を湿らせてもらうことは、**咀嚼**や**嚥下**がスムーズに行える効果があり、**誤嚥**予防にもつながる。

答7 ×

視覚障害者に食膳の上の食べ物の位置を説明するときは、時計の文字盤にたとえる**クロックポジション**を用いると、位置関係を想像しやすくわかりやすい。

答8 ×

なるべくベッド上ではなく、**座位保持**用の椅子などを使用して、安全で安楽な**姿勢**をとり、状態に応じた自助具も取り入れ、できるだけ**自分**で食べられるよう工夫する。

Lesson 35 自立に向けた食事の介護②

全介助によって食事をする場合、スプーンは舌の奥にのせる。

脳卒中で麻痺のある高齢者の場合、麻痺側の頬の内側に食物が残っていることが多い。

片麻痺のある利用者の食事介助では、介護者は、患側の横に座って介助するとよい。

片麻痺のある利用者のリクライニング状態での食事介助では、健側が下になるようにして身体を傾けると嚥下しやすくなる。

利用者に嚥下障害がある場合には、時間をかけて咀嚼や嚥下の様子を見守り、できる限り自力で食べられるようにする。

利用者の嚥下機能について、言語聴覚士に相談する。

嚥下障害のある高齢者にとって、プリン、ゼリー、茶碗蒸しなどは食べにくい食品である。

食品増粘剤（とろみ剤）によるとろみの濃度は、濃いほど嚥下しやすい。

答1 ×

スプーンは舌の中央にのせる。奥まで入れると吐き気を誘発することがあるため注意する。

答2 ○

脳卒中で麻痺のある高齢者の場合、麻痺側の頬の内側に食物が残りやすいため、誤嚥（ごえん）を生じないよう、残渣（ざんさ）の有無を確認しながら食事介助をする。

答3 ×

片麻痺のある利用者の食事介助では、介護者は、患側がよく見えるように、健側の横に座って介助するとよい。

答4 ○

身体の下にクッション等を差し込み、健側が下になるようにして身体を傾けると嚥下しやすくなる。リクライニングの角度は、利用者が嚥下しやすい角度に調節する。

答5 ○

嚥下障害がある利用者の食事介助では、時間をかけて咀嚼や嚥下の様子を見守り、必要な介助だけを行い、できる限り自力で食べられるようにする。

答6 ○

摂食、嚥下の状態の変化に気づいたときは、医師や言語聴覚士等に報告・相談する。

答7 ×

嚥下障害のある高齢者にとって、プリン、ゼリー、茶碗蒸しなどは食べやすい食品である。かまぼこ、カステラ、汁物などは食べにくい食品である。

答8 ×

とろみを濃くつけすぎると、食品がべたつき口腔内（こうくうない）にはりつくため、かえって飲み込みにくくなる。

Lesson 36 自立に向けた入浴・清潔保持の介護①

入浴は、固まった可動範囲を広げるなど、リハビリテーションの一環として活用されることがある。

入浴は、清潔を保つために必要なため、体調にかかわらず定期的に行うようにする。

利用者の身体を洗う場合は、中心部から末梢に向かって洗うと、血流改善効果があってよい。

冬季の入浴介助では､脱衣室と浴室を十分に暖め、できるだけ居室と温度差がないようにしてから介助する。

湯の温度を確認する際は、必ず介護者の肌で確認する。

入浴は身体の水分を奪うため、入浴後には水分補給を行い､脱水症状を起こさないように注意する。

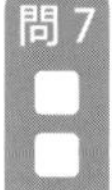

洗髪介助の際、洗髪前にブラッシングをすると抜け毛が起きるため、控えた方がよい。

高齢者は熱めの湯を好む傾向があるが、入浴介助においては40℃程度が適温である。

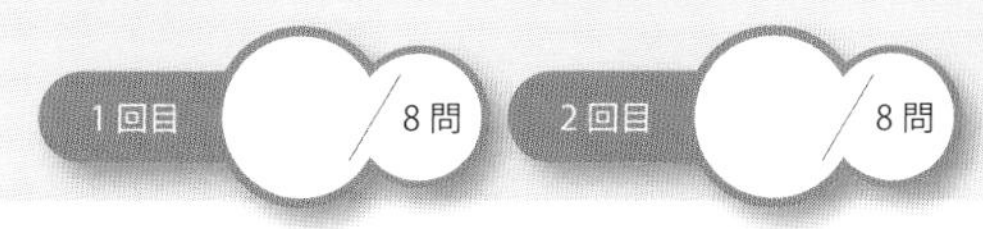

答1 ○

入浴は、温めた四肢を動かし、固まった可動範囲を広げるなど、リハビリテーションの一環として活用されることがある。

答2 ×

入浴は、気分が爽快になる反面、体力を消耗するため、バイタルサイン等で健康チェックを行うようにし、体調に問題がないことを確認してから行う。

答3 ×

利用者の身体を洗う場合は、手先から肩へ、足先から大腿部（だいたいぶ）へと、末梢から中心部に向かって洗うと、血流改善効果があってよい。

答4 ○

冬季の入浴介助では、血圧が急に上がらないよう、脱衣室と浴室を十分に暖め、できるだけ居室と温度差がないようにしてから介助する。

答5 ○

湯の温度が適温であるかを確認する際は、湯温計で確認するだけでなく、必ず介護者の肌で確認する。

答6 ○

入浴すると発汗して身体の水分が失われるため、入浴後には十分な水分補給を行い、利用者が脱水症状を起こさないように注意する。

答7 ×

洗髪介助において、洗髪前にブラッシングをすることで、地肌の汚れを浮かせ、頭皮の血行もよくなり、髪のからみも取ることができる。

答8 ○

高齢者は熱めの湯を好む傾向があるが、入浴介助においては38～41℃の湯が望ましい。

Lesson 36 自立に向けた入浴・清潔保持の介護②

血液透析を受けている利用者については、透析した日は浴槽での入浴を控えなければならない。

片麻痺（かたまひ）がある利用者の場合には、かけ湯は健側から行うようにする。

機械浴は、皮膚の清潔のみが目的である。

シャワー浴は､入浴よりも気化熱が奪われるため、皮膚の温度が下がりやすい。

足浴は、血行がよくなるため、就寝前に行うと入眠しやすくなる。

健康な肌の表面は、弱酸性に保たれている。

清拭を実施する際は、38℃程度のぬるめの湯を準備する。

顔の清拭では、感染予防のため目のまわりを最初に拭く。

答1 ○
血液透析を受けた日は、穿刺部位からの出血や細菌侵入、血圧の急激な低下を防ぐため、浴槽での入浴は避け、シャワー浴にとどめる。

答2 ○
片麻痺がある利用者の場合には、患側は知覚が低下しているため、かけ湯は湯温を知覚できる健側から行うようにする。

答3 ×
入浴には保温やコミュニケーション、リハビリテーションの効果もある。特に機械浴の場合、浮力により上下肢が浮くので姿勢の保護には気をつける。

答4 ○
シャワー浴はかかり湯の温度を徐々に上げて、しっかり身体を温め、シャワー浴後はすぐにタオルで身体の水分を拭き取ることが大切である。

答5 ○
足浴は、血行がよくなり、全身の安楽を感じて安眠を促す効果があるため、就寝前に行うと入眠しやすくなる。

答6 ○
乾燥性皮膚疾患がある場合は、弱酸性の洗浄剤などでやさしく体を洗う。

答7 ×
清拭を実施する際には、50～55℃程度のお湯を準備する。清拭によって皮膚についた水分は、清拭が終わった箇所ごとに拭き取る。

答8 ○
目は感染を受けやすいため、最初に清拭する。目頭から目尻に向けて拭き、片目ずつタオルの面を変えて行う。

Lesson 37 自立に向けた排泄の介護①

排泄の介護では、利用者の心情を思いやり、自尊心を傷つけることがないように配慮する。

排泄の介護では、利用者の残存機能を活かしながら不自由な部分を補えるようにする。

利用者の排泄の介護は、毎回同じ方法で行う。

女性利用者の排泄の介護では、前から後ろの方向に拭くようにする。

尿意を伝えられない場合、尿意のサインを見つけ、気づくことが重要である。

夜間の排尿回数が多い高齢者は、夕食以降の水分摂取量を制限するとよい。

排尿を我慢していると血圧が下降する。

自己導尿を行う場合は、座位で行えるように支援する。

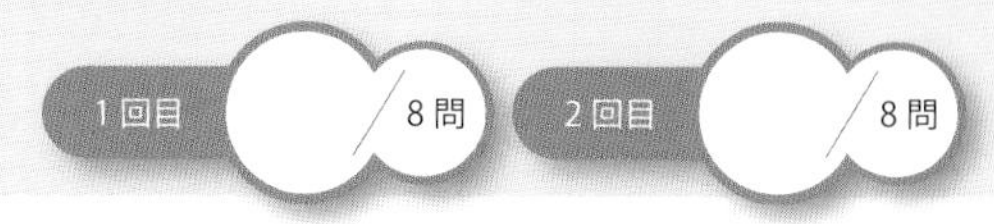

答1 ○

排泄の介護では、利用者の**尊厳**を守る姿勢を貫くために、利用者の心情を思いやり、**自尊心**を傷つけないように配慮する。

答2 ○

排泄の介護では、利用者の**残存機能**を活かしながら不自由な部分を補えるように、トイレやポータブルトイレ等を工夫したり、環境を整えるとよい。

答3 ×

利用者のその日の**体調の変化**などに合わせて、介護**方法**を**選択**する必要がある。

答4 ○

女性利用者の排泄の介護では、膣や尿道に雑菌が侵入するのを防ぐため、**前**から**後ろ**の方向に拭くようにする。

答5 ○

認知機能が低下している利用者の場合、**尿意**を伝えられない場合がある。尿意を示す動作（サイン）を見逃さず、誘導することで**失禁**をしなくて済むように支援する。

答6 ×

夜間の排尿回数が多い高齢者であっても、**水分摂取量**を制限すると**脱水症状**を起こしやすくなるため、**水分摂取量**は制限しないようにする。

答7 ×

血圧を測定する場合、利用者が排尿を我慢していると血圧が**上昇**するため、介護者は血圧測定前に利用者にトイレ誘導を行うとよい。

答8 ○

自己導尿は体内にカテーテルを入れる行為となるため、**感染症**を起こしやすく、**清潔面**への配慮も大切である。また、安定した姿勢を保つことが必要となる。

Lesson 37 自立に向けた排泄の介護②

適度な運動を行うように勧めることは、便秘の予防につながる。

利用者が便秘をしている場合には、利用者の腹部をひらがなの「の」の字を書くようにマッサージするとよい。

便秘が長く続く利用者には、介護者が摘便を行い、不快感を取り除くことが大切である。

利用者がトイレで排便をするときには、前傾姿勢を保つよう支援する。

排便時に差し込み便器を使用する場合は、開口部の中央に仙骨が来るようにセットする。

紙おむつの腹部のテープは腰前面2か所でとめる。

問7

男性が臥位で尿器を使って排尿する場合は仰臥位がよい。

尿失禁や便失禁は、仙骨部褥瘡の感染リスクを高める。

答1 ○

そのほか、定期的に**水分**を摂取し、適切な**水分摂取量**を確保するように勧めることも便秘の予防につながる。

答2 ○

利用者が便秘をしている場合には、利用者の腹部を**大腸**の形に沿って、ひらがなの「**の**」の字を書くようにマッサージするとよい。

答3 ×

市販品を用いての**浣腸**は介護者が行うことができるが、**摘便**は医行為であり、介護者が行うことはできない。便秘が長く続く場合には、**医師**に相談する。

答4 ○

前傾姿勢を保つことで、**直腸肛門角**が直線に近くなり、排便しやすくなる。

答5 ×

差し込み便器の開口部の中央には、**肛門**が来るようにセットする。また排泄時には利用者一人にするなどの**プライバシー**にも配慮する。

答6 ×

紙おむつの腹部のテープは腰前面**4**か所でとめ、下段のテープは斜め上向きに、上段のテープは斜め下向きにとめて**左右対称**になるようにする。

答7 ×

一般に**側臥位**の方が尿が出やすいとされるが、個々のやりやすい姿勢で行う。

答8 ○

尿失禁や便失禁は、**仙骨**部褥瘡の感染リスクを高めるだけでなく、治癒の妨げにもなるので、**清潔ケア**の実施を徹底する。

Lesson 38 自立に向けた家事の介護①

食品衛生法には、省令でアレルギー表示が義務づけられている８品目がある。

訪問介護（ホームヘルプサービス）において介護職が一緒に調理する場合、身体介護となる。

問3

エネルギー源となる三大栄養素とは、炭水化物、たんぱく質、ビタミンのことである。

たんぱく質の熱変性とは、食肉などを加熱すると硬くなることや、さらに長時間加熱すると軟らかくなる変化のことをいう。

しょうゆは、薄口しょうゆよりも濃口しょうゆの方が、食塩相当量が多い。

野菜の調理方法で、ビタミンCの損失が最も多い調理方法は、煮ることである。

ズボンやスカートの裾（すそ）がほつれたときは、ぐし縫いをする。

ボタンをつけるとき、針は、布の表から入れ、最後は裏で玉止めをする。

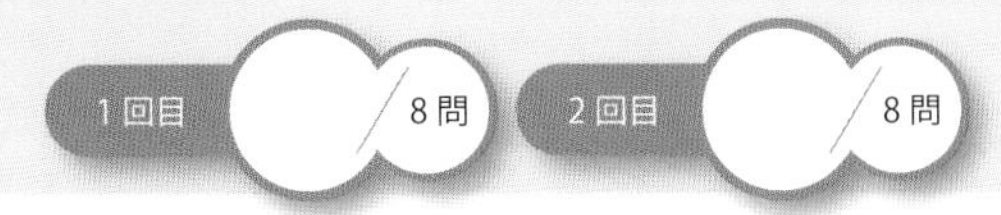

答1 ○ 食品衛生法には、省令でアレルギー表示が義務づけられている8品目と、通知により表示が奨励されている20品目がある。

答2 ○ 利用者が家事に**参加**することは、自信や生活への**意欲**につながり、生活の活性化となるので、できる活動は継続することが大切である。

答3 × エネルギー源となる三大栄養素とは、**炭水化物**、**たんぱく質**、**脂質**のことで、これに**ビタミン**、**無機質**（**ミネラル**）を加えると五大栄養素になる。

答4 ○ 食肉などを加熱すると硬くなること、また、さらに長時間加熱すると、結合組織であるコラーゲンを分解して軟らかくなる変化のことを、たんぱく質の**熱変性**という。

答5 × **濃口**しょうゆの塩分相当量は14.5%で、**薄口**しょうゆの塩分相当量は16.0%であるため、**薄口**しょうゆの方が塩分は多い。

答6 ○ 野菜の調理方法で、ビタミンCの損失が多い調理方法は**煮る**で、**煮る**＞ゆでる＞漬ける＞揚げる・炒める・蒸す、の順になっている。

答7 × 裾のほつれは**まつり縫い**で直すことで表から縫い目が目立たない。

答8 ○ なお、ボタンと布の間の糸は、布の厚みに合わせて調節し、数回糸を巻きつけると**強く**なる。

Lesson 38 自立に向けた家事の介護②

電磁調理器での調理は、熱効率が悪く、調理時間が長くなる。

料理をおいしいと感じる温度は、温かいものでは80～85℃、冷たいものでは0～5℃である。

嚥下の状態が悪くなってきた場合、訪問介護員（ホームヘルパー）の判断でミキサー食に切り替える。

問4

ノロウイルスによる食中毒は、生がきや生の二枚貝などが原因となり、寒い時期に集中して発生しやすい。

カンピロバクターによる食中毒は、集団給食による感染事例が多く、肉類や二次感染した食品等が感染源となる。

問6

腸炎ビブリオによる食中毒は、作り置きしたカレーなどを食べて発生することが多い。

指先に傷がある人がにぎったおにぎりから黄色ブドウ球菌に感染することがある。

腸管出血性大腸菌O -157は、ベロ毒素を産出し、感染すると出血性の下痢を起こす。

答1 ×

電磁調理器での調理は、熱効率が良く、炎が出ないため火事の危険性が低く、高齢者に安心だが使用できる鍋が限られている。

答2 ×

料理をおいしいと感じる温度は、温かいものでは 60 ～ 65℃、冷たいものでは 10 ～ 15℃である。

答3 ×

利用者の嚥下の状態に変化がみられる場合は、医療職と連携、相談しながら状態に適した食事形態で提供する。

答4 ○

ノロウイルスによる食中毒は、生がきや生の二枚貝などが原因となり、寒い時期に集中して発生しやすい。抵抗力の弱い高齢者や幼児が重篤になることがある。

答5 ○

集団給食による感染事例が多く、肉類や二次感染した食品等が感染源となるのは、カンピロバクターによる食中毒である。

答6 ×

腸炎ビブリオは、初夏から初秋にかけて海でとれる魚介類を生で食べることで発生する食中毒である。水でよく洗い流したり十分加熱したりして予防する。

答7 ○

黄色ブドウ球菌は手指の傷口や、鼻腔（びくう）、ペットなどからも検出される。手指に傷がある場合には素手で調理をしたり食品に触れたりしないようにする。

答8 ○

腸管出血性大腸菌O -157 はベロ毒素を産出し、感染すると出血性の下痢を起こし、死に至ることもある。

Lesson 38 自立に向けた家事の介護③

ウールが入った衣類は、乾燥機にかけてはならない。

ドラム式の洗濯機は、渦巻き式の洗濯機に比べると水の使用量が少ない。

漂白剤には酸化型と還元型があり、還元型には塩素系と酸素系の２種類がある。

衣装ケースで使用する防虫剤として他の防虫剤と併用できるのは合成ピレスロイド系である。

ドライクリーニングをした衣類は、ビニール袋から出して風を通した後に保管する。

日本でエンゲル係数が最も高いのは、70歳以上の世帯である。

過疎地域で暮らす一人暮らしの高齢者には、通信販売の利用を勧めてはならない。

クーリング・オフの通知は、はがきや電子メールなどで行う。

答1 ○
ウールは**熱**に弱く**縮みやすい**ため、乾燥機にかけると縮んだり型崩れをおこす。洗濯の前には必ず洗濯表示を確認する。

答2 ○
ドラム式の洗濯機は、たたき洗いを応用しているため、渦巻き式の洗濯機に比べ水の使用量が**少ない**。

答3 ×
漂白剤には**酸化**型と**還元**型があり、**酸化**型には、白物のみに使用できる**塩素**系と、色柄物に使用できる**酸素**系の２種類がある。

答4 ○
ナフタリンや**しょうのう**、**パラジクロロベンゼン**は併用すると液化して染みになる場合がある。**ピレスロイド系**はどの防虫剤とも併用できる。

答5 ○
ドライクリーニングをした衣類は、ビニール袋から出して**風**を通した後に保管すると**カビ**が発生しにくくなる。

答6 ○
総務省統計局「家計調査」（令和４年年報）によると、次いで高いのは**60**～**69**歳の世帯である。

答7 ×
過疎地域で生活している高齢者は、頻繁に買い物ができない場合が多いので、**通信販売**や**消費生活協同組合**なども上手に利用できるよう支援するとよい。

答8 ○
2022（令和４）年の法改正により、電磁的記録（**電子メール**や**ファックス**）による通知も可能となった。はがきの場合は両面のコピーをとり保管しておくことで**証明**になる。

Lesson 39 休息・睡眠の介護

休息することも、利用者の生活の質（QOL）を高めることにつながる。

睡眠には、脳が働いているノンレム睡眠と、脳が休息しているレム睡眠がある。

高齢になるにしたがって眠りのパターンは変化し、断続的な浅い眠りになる。

入眠障害とは、床に入って眠ろうとしてもなかなか寝つけないことである。

睡眠薬が処方されている場合、床につく2時間前には服用する。

安眠できる環境には個人差があるが、夏場では、睡眠中の室温は20℃前後、湿度は70～80%に保たれていると快適であるとされる。

枕は、首の角度が15度上がるくらいの高さが、寝返りに支障がなくてよい。

ベッドに臥床（がしょう）している人がいる場合、ベッドの高さはそのままにしてシーツ交換を行う。

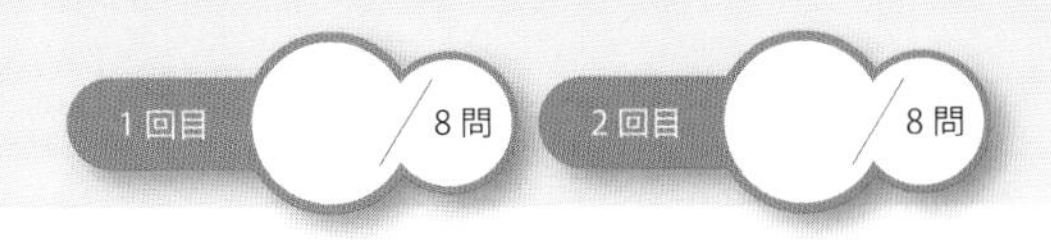

答1 ○

充実した活動と良質な休息・睡眠の確保が、QOLの向上につながる。

答2 ×

睡眠には、脳が働いているレム睡眠と、脳が休息しているノンレム睡眠がある。

答3 ○

高齢になるにしたがって眠りのパターンは変化し、断続的な浅い眠りになり、中途覚醒が増える。

答4 ○

入眠障害は、床についてもなかなか寝つけないことである。レストレスレッグス症候群（むずむず脚症候群）で寝つけないこともある。

答5 ×

睡眠薬服用後は、30分以内に床につくようにする。また、アルコールと一緒に服用しない、自分で量を調節しないなどの注意が必要である。

答6 ×

夏場では、睡眠中の室温は25℃前後、湿度は50～60%に保たれていると快適であるとされるが、安眠できる環境には個人差がある。

答7 ○

枕は、首の角度が15度上がるくらいの高さが、頸部（けいぶ）の緊張を取り除くだけでなく、寝返りにも支障がなくてよい。

答8 ×

臥床している人がいる場合、利用者の状態に配慮しながら同意を得て、ベッドの高さは介助しやすい高さに調整して行う。終了後はベッドの高さを元に戻す。

Lesson 40 人生の最終段階における介護①

問1 AED（自動体外式除細動器）は、心臓の心室細動の際に、電気ショックを与える医療機器である。

問2 終末期で食欲が低下してきた利用者への食事は、栄養バランスや食事量に配慮する。

問3 終末期の利用者がうとうととしている場合であっても、介護をするときには声をかけながら行う。

問4 ターミナルケアでは、霊的な苦痛への援助も必要である。

問5 がんの痛みを緩和するために使用されている薬剤のモルヒネには、副作用がない。

問6 ターミナルケアでは、個人の尊厳を重視したケアが行われる。

問7 家族は、ターミナルケアの対象として位置づけられていない。

問8 事前指示とは、意識疎通が困難になったときのために、事前に医療行為に関する希望などを示すことである。

答1 ○

心臓の心室細動の際に、電気ショックを与える医療機器のことをAED（自動体外式除細動器）という。

答2 ×

終末期では栄養や食事量よりも、体調や気分に配慮しながら、利用者の嗜好を重視し、楽しみとしての食事を提供するよう心がける。

答3 ○

死が近づくと傾眠傾向となり、うとうととしている時間が多くなるが、声をかけながらかかわるなど、利用者が孤独を感じないようにすることが大切である。

答4 ○

ターミナルケアでは、精神的、身体的、社会的、文化的、霊的な5つの苦痛をトータルに緩和するような援助が必要である。

答5 ×

がんの痛みを緩和するために使用されている薬剤のモルヒネには、吐気、便秘、眠気などの副作用がある。

答6 ○

ターミナルケアでは、その人らしい最期を迎えられるように、個人の尊厳を重視したケアが行われる。

答7 ×

終末期は、家族や職員に与える影響が大きいので、ターミナルケアでは、家族を介護する人としてではなく、ケアの対象としても位置づけている。

答8 ○

さらに、事前指示書とは、終末期に受けたい医療や尊厳死などの意思決定を書いて、代理人を選任した書面のことである。

Lesson 40 人生の最終段階における介護②

臨終期の利用者に対しては、家族や友人との面会を制限する。

臨終期の利用者に対しては、身体への負担を軽減するため、同一体位を保持する。

聴覚は臨終まで機能するので、言葉かけは最期まで続けるとよい。

臨終の間近に現れる下顎呼吸（かがくこきゅう）では、呼吸回数が増加する。

エンゼルケアは、希望があれば、家族にも参加してもらう。

グリーフケアは、介護福祉職が単独で行わなければならない。

利用者の死後、介護福祉職にもグリーフケアが必要な場合がある。

死亡診断及び死亡診断書の発行は、医師にのみ許された行為であり、歯科医師が行うことはできない。

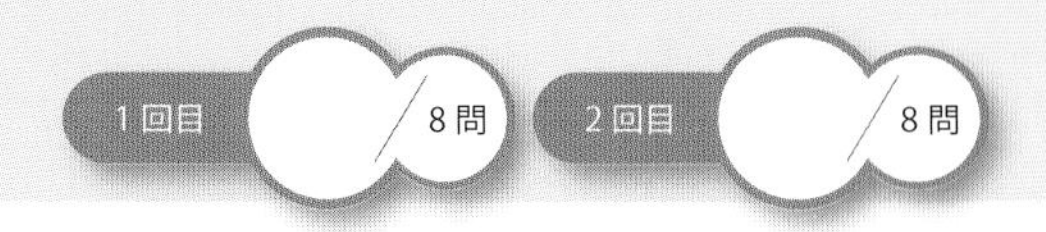

答1 ×

家族や友人と接する時間を設けることが望ましく、特別な事情がない限り面会を制限する必要はない。

答2 ×

利用者にとって安楽な体位にすることが望ましいが、同一体位を保持することで苦痛に感じたり、褥瘡（じょくそう）の出現につながったりする恐れがある。

答3 ○

臨終まで聴覚は機能するので、家族が最期まで言葉かけを行うことが大切である。

答4 ×

臨終が近づくと血圧が低下し、胸郭を使った呼吸から下顎を使った下顎呼吸に変わり、呼吸回数が減少する。

答5 ○

死後のケアであるエンゼルケアを、希望に沿い家族と職員が一緒に行うこともある。

答6 ×

グリーフケアとは、悲嘆ケアともいい、死別の悲しみから立ち直れるように支援することであり、介護福祉職やカウンセラーなどが連携して行うものである。

答7 ○

利用者の死後、デスカンファレンスなどの場に介護福祉職も加わり悲嘆感情を表出し、かかわりを振り返り、次につなげることが大切である。

答8 ×

死亡診断及び死亡診断書の発行は、医師及び歯科医師にのみ許された行為である。死体検案書の発行も同様である。

Lesson 41 福祉用具の意義と活用

介護保険の福祉用具貸与には、認知症老人徘徊感知機器を含む13種目がある。

特定福祉用具販売計画は、既に居宅サービス計画が作成されている場合、その居宅サービス計画の内容に沿って作成しなければならない。

特殊寝台は福祉用具貸与種目であるが、エアマットは特定福祉用具購入種目である。

自動排泄処理装置は、交換可能部品も含め、福祉用具貸与の対象となる。

水洗ポータブルトイレは、特定福祉用具販売の対象となる。

介助用電動車いすは、福祉用具貸与の対象とならない。

ロフストランドクラッチの握りの高さは、大転子部を目安に決める。

ユニバーサルデザインの7原則の1つに、「使い方が簡単で、すぐにわかること」がある。

答1 ○

なお、2024（令和6）年4月より、13種目のうち、固定用スロープ、歩行器（歩行車を除く）、単点杖（松葉杖を除く）、多点杖は貸与と販売が選択可能である。

答2 ○

特定福祉用具販売計画や福祉用具貸与計画は、既に居宅サービス計画が作成されている場合、その内容に沿って作成しなければならない。

答3 ×

特殊寝台と同様にエアマットは床ずれ防止用具として福祉用具貸与種目の1つである。

答4 ×

自動排泄処理装置は、福祉用具貸与の対象であるが、自動排泄処理装置の交換可能部品は、特定福祉用具販売の対象である。なお介護に必要な消耗品は自己負担である。

答5 ○

水洗ポータブルトイレは、特定福祉用具販売対象種目の腰掛便座の1つとして位置づけられている。

答6 ×

介助用電動車いすは、福祉用具貸与種目の車いすの1つとして位置づけられている。

答7 ○

T字杖（じつえ）と同じ決め方である。足先に杖（つえ）をつき、前腕をカフにいれた状態で、肘（ひじ）が約30度に曲がる高さにグリップを合わせる。

答8 ○

ほかに、「うっかりミスが危険につながらないこと」「少ない力でも使えること」などがあり、福祉用具を選ぶ際にも重要な観点である。

◎重要ポイントを まとめてチェック！

■介護保険の住宅改修費対象工事の種類

手すりの取付け	廊下、トイレ、浴室、玄関などの必要な箇所への手すりの設置
段差解消	廊下・トイレ・浴室・玄関などへのスロープ設置や床段差緩和工事などの実施
床材の変更	畳からフローリングなどへの変更、浴室の床材を滑りにくい材質へ変更
扉の取替え	開き戸を引き戸・折り戸・アコーディオンカーテンなどへの変更、ドアノブの変更、戸車の設置、引き戸等の新設　など
便器の取替え	和式便器から洋式便器への取替え、便器の向きや位置の変更　など

※その他付帯する工事も支給対象に含まれる

■介護保険の福祉用具貸与の種目

①車いす　②車いす付属品　③特殊寝台　④特殊寝台付属品
⑤手すり（工事が必要なものを除く）　⑥歩行器　⑦体位変換器
⑧床ずれ防止用具　⑨スロープ（工事が必要なものは除く）
⑩歩行補助杖　⑪認知症老人徘徊感知機器
⑫移動用リフト（つり具部分除く）　⑬自動排泄処理装置（交換可能部品を除く）

※固定用スロープ、歩行器（歩行車を除く）、単点杖（松葉杖を除く）、多点杖は販売も選択可

■介護保険の特定福祉用具販売の種目

①腰掛便座　②自動排泄処理装置の交換可能部品　③排泄予測支援機器
④入浴補助用具　⑤簡易浴槽　⑥移動用リフトのつり具部分

■おむつ交換のポイント

- 利用者の自尊心や羞恥心に配慮しなければならないため、他の利用者がいる場所では「おむつ替え」などの直接的な表現を慎む。
- 紙おむつの腹部のテープは腰前面4か所で留め、下段のテープは斜め上向きに、上段のテープは斜め下向きに留めて、左右対称になるようにする。
- おむつカバーを留めるときはきつくなりすぎないように、指2本程度の余裕をもって留めることが基本である。
- 陰部の清拭を行う場合には、感染予防や衛生面への配慮から、介護者は手袋を着用する。

7章 介護過程

Q&A

この科目は、学習範囲が狭いため、試験では1つの項目から複数問出題されるなど、試験ごとに極端な偏りがみられるという点が特徴です。これまでの傾向をみると、アセスメント、目標、評価の3点から出題されることが多くなっていますので、まずはこの3点を中心に取り組んでいきましょう。

Lesson 42 介護過程の意義と基礎的理解

介護過程は、利用者の生活の理解と生活課題を解決するための問題解決アプローチである。

介護過程の目的は、利用者のニーズに応じた根拠のある個別ケアをすることである。

介護過程では、まず利用者の課題が何であるかが把握される。

介護過程とは、最優先すべき事項として利用者の希望を実現させるための過程である。

介護における観察とは、利用者を身体的側面、心理的側面の２側面からみることである。

介護過程を展開する際の８つの基本視点の１つに、ICF（国際生活機能分類）の視点に基づく利用者像の把握がある。

介護過程の展開プロセスは、計画の立案、アセスメント、実施、評価の順に行われる。

実習生が介護過程の展開を行う場合、実習施設は利用者の情報提供について、利用者及び家族に事前に同意を得ておく必要がある。

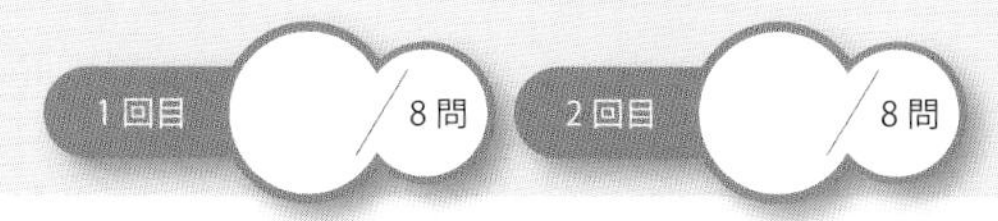

答1 ○

介護過程は、利用者が望むよりよい生活を実践するための過程であり、**客観的な根拠**に基づくことにより介護の実践が可能となる。

答2 ○

利用者の生活課題やニーズに応じた**個別ケア**を行うために、その**根拠**を介護過程ではっきりさせる。これによって多職種協働時に介護方針の**共有**が可能となる。

答3 ○

介護過程では、まず利用者の**課題**が何であるか、多面的な視野から情報を収集し、アセスメントによって**課題**が把握される。

答4 ×

介護過程は、情報収集、**介護計画**の立案、介護実践、評価の過程で行われる、**介護目標**を実現するための、客観的で科学的な**思考**と**実践**の過程である。

答5 ×

介護における観察とは、利用者を**身体的側面**、**心理的側面**、**行動面**の**3**側面からみることであり、知識と経験が必要である。

答6 ○

そのほか、**尊厳**を守るケアの実践、個別ケアの実践、生活と人生の**継続性**の尊重などがある。

答7 ×

介護過程の展開プロセスは、**アセスメント**、**計画**の立案、**実施**、**評価**の順に、専門知識や技術を統合して行われる。

答8 ○

個人情報保護法により、事業者が第三者へ情報提供をする場合は、**利用目的**を特定し、本人からの**事前同意**が必要である。また、**事前同意**を記録する必要もある。

Lesson 43 介護過程の意義と基礎的理解（情報収集とアセスメント）

問1 利用者の心身機能の細部情報を得るためにICFを活用する。

問2 利用者に関する情報には、主観的な情報と客観的な情報がある。

問3 情報収集では、専門職から聴取した内容を基本とする。

問4 情報収集を行う際には、専門的な知識と技術が必要である。

問5 介護過程におけるアセスメントの目的は、生活課題の明確化である。

問6 アセスメントは、利用者が希望した場合にのみ行うものであり、必ず実施するものではない。

問7 アセスメントは、利用者の身体的側面に限定して評価をする。

問8 利用者が抱える生活上の課題は、いかなる場合も身体的側面を最優先に課題として解決する必要がある。

答1 ×
利用者の全体像を捉えるためにICF（国際生活機能分類）を活用する。

答2 ○
利用者に関する情報には、利用者自身のものの見方や感情といった主観的な情報と、他人が直接的に観察することができる客観的な情報がある。

答3 ×
情報収集では、利用者本人から聴取することを基本とし、利用者の家族などからも聴取する。

答4 ○
質の高い情報を得るためには、介護福祉に関連する専門的な知識と技術が必要である。

答5 ○
アセスメントは、情報収集→情報の整理や理解→生活課題を明確にする、という順番で目的をもって行われる。

答6 ×
アセスメントは、利用者の生活上の課題やニーズを明確にするために必要な段階であり、必ず実施されるものである。

答7 ×
アセスメントでは、得られた情報を基に、利用者の身体的側面、心理的側面、行動面、社会的側面など、様々な側面から総合的に評価する。

答8 ×
生活上の課題が複数ある場合、身体的側面、心理的側面、行動面、社会的側面など様々な側面の関連性から優先順位を決める。

Lesson 44

介護過程の意義と基礎的理解（介護計画の立案）

介護計画は、5W1Hを踏まえて具体的に立案する。

介護計画は、専門職が確認するものであるため、できる限り専門用語を使って作成する。

介護計画には、目標の達成時期を記載する。

介護計画には、長期目標と短期目標を設定する。

作成した介護計画の内容については、利用者及び利用者の主治医の同意を得なければならない。

介護計画を立案する段階では、利用者に及ぼす効果を予測してはならない。

介護計画を立案する際は、利用者の意向だけでなく、利用者の家族の意向も踏まえる。

作成した介護計画は、利用者が希望した場合に限って交付する。

答1 ○

5W1Hとは、when（いつ）、where（どこで）、who（誰が）、what（何を）、why（なぜ）、how（どのように）のことで、介護計画の作成にあたっては、これらを意識して立案するとよい。

答2 ×

介護計画の内容は、利用者が理解・承認するものであるため、利用者主体で作成する。利用者と相談しながら、わかりやすい言葉で具体的に作成する。

答3 ○

介護計画には、目標、目標の達成時期、具体的な支援方法、計画の見直し時期などが盛り込まれる。

答4 ○

設定する目標は、利用者が取り組むことができるものとし、利用者の個別性を尊重し、利用者が同意するものである。長期目標と短期目標は連動した内容にする。

答5 ×

介護計画を立案した場合には、その内容について、利用者やその家族に説明し、利用者の同意を得なければならないが、主治医については定められていない。

答6 ×

介護計画を立案する際は、その計画に基づき実施される介護支援が、利用者にとってどのような効果が得られるかについても予測しておく。

答7 ○

介護計画を立案する際は、利用者の意向だけでなく、利用者の家族の意向も踏まえることで、より良い介護を行うことができる。

答8 ×

作成した介護計画は、その内容について説明し、同意を得た後、必ず利用者に交付する。

Lesson 45 介護過程の意義と基礎的理解（介護実践と評価）

介護支援が開始された後は、定期的にモニタリングを実施する。

介護計画の実践にあたっては、介護チーム全体の共通認識が必要である。

モニタリングを実施した結果、特に問題がないと判断した場合には、モニタリング結果を記録しなくてもよい。

介護計画に係る評価には、介護計画に基づく実践過程についての評価も含まれる。

評価の際は、明らかによい効果が出れば、特に検討する必要はない。

評価は、計画どおりに実施したものについて行い、計画どおりに実施できていないものについては評価しない。

利用者本人には、評価の内容を伝えてはいけない。

介護過程の終結は、介護福祉職が独断で決定するものではない。

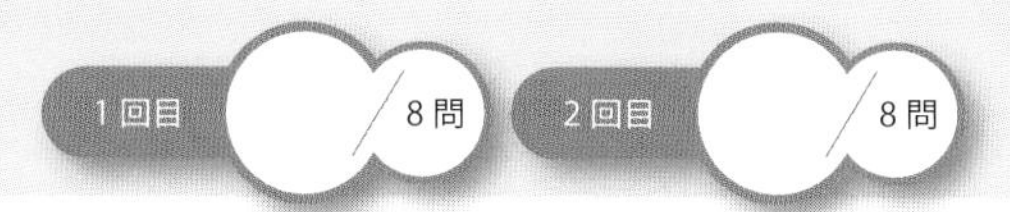

答1 ○

介護支援は、作成した介護計画の内容に沿って支援が行われているか、介護計画の変更が必要かなどについて、定期的に**モニタリング**を実施する。

答2 ○

チーム全員が、計画の意図や根拠を**認識**して介護にあたるためには、記録やカンファレンスを通じて**情報共有**することが重要である。

答3 ×

モニタリングを実施し、特に問題がないと判断した場合であっても、モニタリング結果を**記録**しなければならない。

答4 ○

介護計画に係る評価には、介護実践の**結果**に対する評価だけでなく、介護計画に基づく**実践過程**についての評価なども含まれる。

答5 ×

結果が明らかによくても、その効果が出た**理由**や計画変更の**必要性**を話し合うことで、チーム全体での**理解**が深まり情報共有ができる。

答6 ×

実施できなかったものについても、なぜ実施できなかったのか**理由**を明確にし、新たな**課題**の可能性はないかの視点が**必要**とされる。

答7 ×

評価内容については、利用者本人がその評価について十分に**理解**できるよう、利用者本人に**説明**する。

答8 ○

利用者が抱える問題が**解決**した場合や、**利用者自身**で問題を解決できる段階に達した場合に、**利用者**と**介護福祉職**の双方がその点を理解した上で終結する。

Lesson 46 介護過程とチームアプローチ

チームアプローチでは、専門職ごとに、それぞれの認識と目標をもつことが大切である。

利用者は、チームアプローチの中心である。

チームアプローチにおけるチームメンバーには、ボランティアも含まれる場合がある。

チームアプローチにおけるチームメンバーは固定しなければならない。

チームアプローチにおけるチーム内ではどの専門職も同じ視点で利用者を理解する。

問6

介護保険制度では、サービス担当者会議の開催が義務づけられている。

SOAP方式で介護記録を取る場合、Sに該当するのは客観的情報である。

個別援助計画を作成するのは、介護福祉職のみである。

答1 ×

チームアプローチでは、専門職間で共通の認識と目標をもって、利用者の支援を行っていく。

答2 ○

チームアプローチでは、利用者本位を徹底する必要があり、チームアプローチの中心に利用者が位置づけられる。

答3 ○

ボランティアや地域住民が、利用者にとって必要な社会資源であれば、チームメンバーに含まれる。

答4 ×

チームアプローチにおけるチームメンバーは、利用者に対する支援内容や支援過程の段階などに合わせて、流動的に変わるものである。

答5 ×

チームアプローチでは、各専門職がそれぞれの専門性を発揮することが求められているため、それぞれの専門的な視点から利用者を理解する。

答6 ○

サービス担当者会議はケアカンファレンスの一種で介護支援専門員（ケアマネジャー）が開催する。

答7 ×

SOAP 方式とは、S（主観的情報）、O（客観的情報）、A（アセスメント）、P（計画）の内容ごとに記述する記録方式を指すので、S は主観的情報である。

答8 ×

ケアプランの目標に向かって各専門職が具体的な個別援助計画を作成する。

表で
◎重要ポイントを まとめてチェック！

■生活上の課題の明確化

- 生活上の課題が複数ある場合には、各課題の関連性や緊急性などを踏まえ、優先順位をつける。
- 潜在的な生活上の課題も取り上げる。
- アセスメントで得られた情報から生活上の課題を明確にするには、問題解決思考が必要となる。
- 生活上の課題を抽出する際は、1つの情報だけを解釈するのではなく、複数の情報を1つずつ解釈し、さらに各情報の関係性についても理解していかなければならない。

■介護計画作成上の主な留意点

- 介護計画は、利用者の意向だけでなく、利用者の家族の意向も踏まえて立案する。
- 計画の内容は、利用者ごとに個別に検討し、支援内容などを設定する。
- 利用者のニーズを把握した上で5W1Hを踏まえて具体的に立案する。
- 介護計画には、利用者が抱える生活上の課題を解決するための方法、介護目標、支援期間を盛り込む。

■介護記録の記入のポイント

- 使用する筆記用具は、紙の摩擦によって記入した内容が読み取れなくなったり、故意に内容を消して書き換えたりすることができないよう、通常、ボールペンを用いる。
- 誤字等によって、記録を訂正する場合は、取り消し線に訂正印を押し、正しい文字等を訂正前の記録のすぐ上または横に書く。
- 記録の内容は、客観的事実を簡潔かつ正確に記入する。
- 主観的意見を記入する場合には、客観的事実と区別する。

■介護目標設定上の主な留意点

- 介護目標は、その利用者にとって実現可能なものを設定する。
- 短期目標と長期目標の両方を設定する。
- 短期目標と長期目標は、連動した内容で設定する。
- 介護目標は、利用者の視点に立った内容で設定する。

8章 こころとからだのしくみ

Q&A

この科目は、欲求、動機、記憶などのこころや脳のしくみと、人体構造、食事、清潔、排泄、睡眠、人生の最終段階のからだのしくみを中心に学習していきます。学習範囲が広いのですが、「生活支援技術」の内容と重なり、技術の根拠を学んでいきます。援助する場面をイメージして学習すると、得点力の向上につながります。

Lesson 47 こころのしくみの理解①

世界保健機関（WHO）は、健康とは病気や障害がないことであると定義している。

マズロー（Maslow, A.H.）の欲求階層で最も下位（第1層）に位置するのは、安全の欲求である。

マズロー（Maslow, A.H.）の欲求階層で成長欲求に該当するのは、自己実現の欲求である。

ライチャードによる老年期性格類型の円熟型は、責任から解放されて受動的なことに満足を見出す。

ライチャードによる老年期性格類型の防衛型は、若い頃と同じ活動を続けなければ満足できない。

記憶のプロセスは、記銘、保持、修正の3段階によって成り立っている。

記憶の処理は、中脳で行われる。

短期記憶とは、短期間だけ、情報を保持することができる記憶をいう。

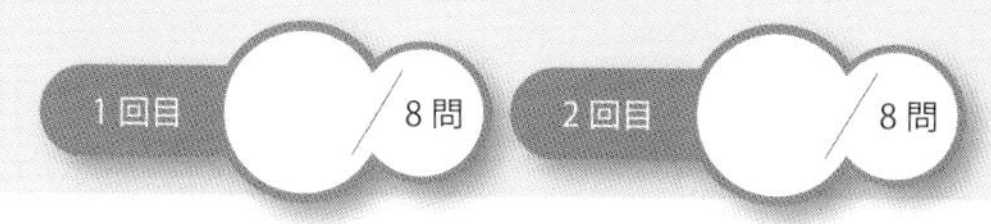

答1 ×

WHO（世界保健機関）は、健康とは完全な肉体的・精神的及び社会的福祉の状態であり、単に疾病または障害が存在しないことではないと定義している。

答2 ×

マズローの欲求階層で最も下位（第1層）に位置するのは生理的欲求で、安全の欲求は、その1つ上の第2層に位置する。

答3 ○

マズローの欲求階層で最も上位（第5層）に位置し、成長欲求に該当するのは自己実現の欲求で、第4層は承認の欲求、第3層は所属と愛情の欲求となっている。

答4 ×

ライチャードの類型の円熟型は、積極的な社会活動を維持することで満足する。受動的なことに満足を見出すのは依存型（安楽いす型）である。

答5 ○

ライチャード類型の防衛型は、老化について不安で受け入れられないため、若い頃と同じ水準の活動を続けようとする。

答6 ×

記憶のプロセスは、経験を覚える記銘、覚えた内容を蓄える保持、蓄えておいた内容を思い出す再生（想起（そうき））の3段階によって成り立っている。

答7 ×

記憶の処理は、脳の海馬で行われる。

答8 ○

情報を短期間だけ保持することができる記憶を、短期記憶という。数十秒～数分間保持することができ、一度に7±2項目の情報を蓄える容量がある。

Lesson 47 こころのしくみの理解②

長期記憶は、長期間にわたって情報を保持することができる記憶で、貯蔵容量は無限である。

問2

手続き記憶は、身体で覚えている情報の記憶である。

エピソード記憶とは、日記に書くような事柄の記憶で、個人的な出来事や経験に関する記憶である。

意味記憶は、体験を通してではなく、学習により獲得されたものである。

問5

アルツハイマー型認知症の人が「嫁が財布をとった」と思い込むことを心気妄想という。

流動性知能とは、新しいことを学習したり、新しい環境に適応したりする能力のことで、高齢になっても低下しにくい能力である。

問7

結晶性知能とは、これまでの経験や知識に結びつく能力のことで、高齢になるに従って低下する能力である。

心的外傷後ストレス障害（PTSD）の特徴には、フラッシュバックがある。

答1 ○
長期間にわたって情報を保持することができる記憶を、**長期**記憶という。加齢による影響を受けにくく、貯蔵容量は**無限**である。

答2 ○
自転車の乗り方や泳ぎ方など、**身体**で覚えている情報の記憶を**手続き**記憶という。

答3 ○
日記に書くような個人的な出来事や経験に関する記憶のことを、**エピソード**記憶といい、特定の日時や場所と関連づけて記憶される。

答4 ○
意味記憶とは、言葉の意味や数式などの一般的な**知識**や**情報**などに関する記憶のことで、体験を通してではなく、**学習**により獲得されたものである。

答5 ×
アルツハイマー型認知症の人が「嫁が財布をとった」と繰り返し言う症状は**物盗**(ものと)**られ妄想**である。

答6 ×
新しいことを学習したり、新しい環境に適応したりする能力のことを**流動性知能**といい、高齢になるに従って**低下**する。

答7 ×
これまでの経験や知識に結びつく能力のことを**結晶性知能**といい、高齢になっても**低下**しにくい能力である。

答8 ○
心的外傷後ストレス障害（PTSD）では、生命や身体の危機に直面した出来事が原因で、1か月以上にわたって、**フラッシュバック**や**不安**、**緊張**が続く。

Lesson 48 からだのしくみの理解①

大脳の機能局在として、後頭葉は皮膚の痛みの感覚を受け取っている。

大脳の機能局在として、前頭葉には一次運動野があり、頭頂葉には一次体性感覚野がある。

赤血球は細菌を除去し、白血球は血液凝固に関与している。

高齢になると、明暗に順応する時間が長くなる。

脊髄(せきずい)には、体幹と体肢の運動と感覚をつかさどる神経が通っており、頸椎(けいつい)から腰椎(ようつい)まで脊椎(せきつい)に囲まれている。

大脳辺縁(へんえん)系は、身体の感覚を認識する。

自律神経には交感神経と副交感神経があり、交感神経は血管を拡張させ、血圧を下げる。

副交感神経は唾液や消化液分泌を促進する。

答1 ×
大脳の後頭葉には、**視覚野**がある。皮膚の筋肉からの感覚は、**頭頂葉**で受け取っている。

答2 ○
前頭葉には思考や判断を行い、全身の筋肉に指令を出す**一次運動野**がある。頭頂葉には全身の感覚器から情報（**痛み**など）を受け取る、**一次体性感覚野**がある。

答3 ×
赤血球は酸素の運搬を行い、**白血球**は細菌の除去、**血小板**は血液凝固に関与している。

答4 ○
加齢とともに、明るさ、暗さに**順応**する（慣れる）能力が低下し、調節に時間がかかり**長く**なる。

答5 ○
脊髄には、体幹と体肢の**運動**と**感覚**をつかさどる神経が通っており、脳からの指示を**体**に伝えたり、外からの情報を**脳**に伝えたりする。

答6 ×
大脳辺縁系は、本能や**情動**、**生命**維持に関係している。身体の感覚を認識したり、複雑な動作に関係しているのは**頭頂葉**である。

答7 ×
交感神経は血管を収縮し血圧を**上**げ、脈拍を**増加**させ、危機に対する**防衛状態**をつくる。副交感神経は血管を**拡張**させ、血圧を**下**げる。

答8 ○
副交感神経は、内臓の働きを高めるため、**唾液**や**消化液**の分泌を促進する。

Lesson 48 からだのしくみの理解②

心臓は、全身に血液を送る働きをしている心筋でできており、心筋は左心室よりも右心室の方が厚い。

酸素を多く含んだ血液は、肺静脈を通って心臓の左心房に入る。

気管支は、右気管支に比べ左気管支の方が太く角度が緩やかである。

肺胞では、ガス交換が行われている。

消化器は、口腔 ⇒ 咽頭 ⇒ 食道 ⇒ 胃 ⇒ 大腸 ⇒ 小腸 ⇒ 肛門の順につながっている。

大腸は、上行結腸 ⇒ 下行結腸 ⇒ 横行結腸 ⇒ S状結腸 ⇒ 直腸の順で区分されている。

肝臓は、全身の代謝機能の中心として働く。

肝臓は、胆汁を分泌し、貯蔵している。

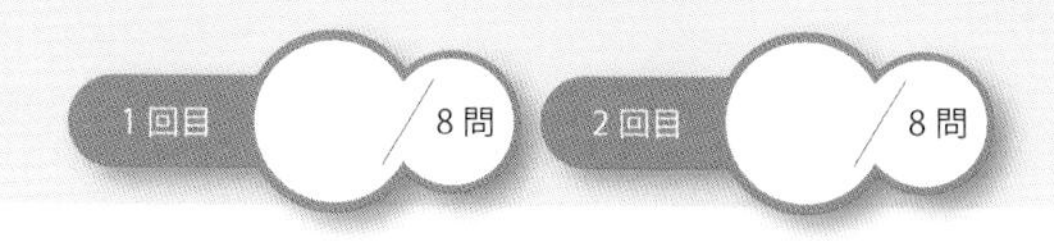

答1 ×

心臓は、全身に血液を送る働きをしている**心筋**でできており、心筋は**右**心室よりも**左**心室の方が厚い。

答2 ○

酸素を多く含んだ血液は、肺から**肺静脈**を通って心臓の**左心房**に入り、左心室から**大動脈**を通って全身を回り、体中に酸素を供給している。

答3 ×

気管支は、**左**気管支に比べ**右**気管支の方が太く角度が緩やかなため、誤嚥(ごえん)した場合は**右**気管支に入りやすく、**右**肺に**誤嚥性肺炎**(ごえんせいはいえん)を発症しやすい。

答4 ○

肺には気管、気管支、肺胞があり、肺胞では**ガス交換**が行われている。

答5 ×

消化器は摂取した食物を**分解**・**吸収**する器官で、口腔 ⇒ 咽頭 ⇒ 食道 ⇒ 胃 ⇒ **小腸** ⇒ **大腸** ⇒ 肛門の順につながっている。

答6 ×

大腸は、上行結腸 ⇒ **横行**結腸 ⇒ **下行**結腸 ⇒ S状結腸 ⇒ 直腸の順で区分されており、結腸では**水分**が吸収され便が形成される。

答7 ○

肝臓には、**門脈**を通して栄養素が送り込まれ、糖、たんぱく質、コレステロールなどの栄養の処理・**貯蔵**、有毒物質の**解毒**などが行われている。

答8 ×

肝臓は胆汁を分泌するが、貯蔵は**胆のう**が行っている。肝臓はブドウ糖から**グリコーゲン**をつくり貯蔵している。

Lesson 48 からだのしくみの理解③

膵臓（すいぞう）は、膵液を分泌するとともに、インスリンなどのホルモンを分泌する。

正常な尿には、たんぱく質や糖はほとんど含まれない。

血糖値が上昇すると、多尿、口渇の症状が出る。

バイタルサインとは、一般的に、体温、脈拍、呼吸、血圧の４つの生命徴候のことである。

体温は、一般的に 36 ～ 37℃で、乳幼児は低く、高齢者は高い傾向がある。

体温調節中枢は、間脳の視床にある。

脈拍とは、動脈の波動のことで、１分間に 90 ～ 100 回以上を頻脈、50 回以下を徐脈という。

高血圧症は、収縮期血圧（最高血圧）が 140mmHg 以上、拡張期血圧（最低血圧）が 90mmHg 以上とされている。

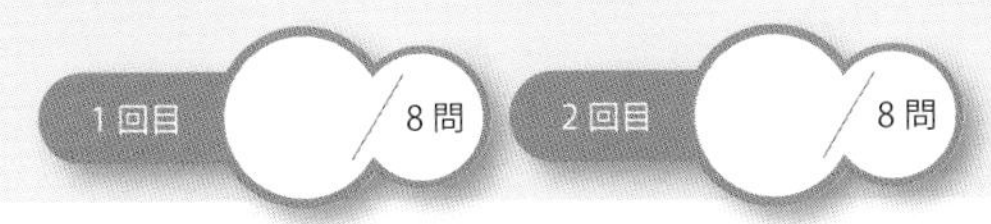

答1 ○

膵臓には、消化液である膵液を分泌して食べ物の消化を助ける働きと、インスリンなどのホルモンを分泌して血糖値を一定にコントロールする働きがある。

答2 ○

血液中の不要なものが腎臓で尿として生成される。正常であればたんぱく質や糖はほとんど再吸収され、尿には含まれず、無臭、淡黄色透明、弱酸性である。

答3 ○

血糖値が継続的に上昇する病気は糖尿病である。糖尿病の症状には多尿による口渇、多飲があり、さらに疲れやすい、体重減少などがある。

答4 ○

バイタルサインとは、一般的に、体温、脈拍、呼吸、血圧の4つの生命徴候のことで、広義には意識、排泄（はいせつ）、睡眠、食欲等も含まれる。

答5 ×

体温は、一般的に36～37℃で、乳幼児は高く、高齢者は低い傾向がある。体温調節中枢は、視床下部にある。

答6 ×

体温調節中枢は間脳の視床下部にあり、体温を一定に保つ（ホメオスタシス）ために、熱の放散、産生を行う。

答7 ○

動脈の波動のことを脈拍といい、通常は1分間に60～80回程度である。1分間に90～100回以上を頻脈、50回以下を徐脈、乱れがあるものを不整脈という。

答8 ○

高血圧症は、収縮期血圧が140mmHg以上、拡張期血圧が90mmHg以上とされている。なお、老人性高血圧の場合、収縮期血圧が高くなる。

Lesson 49 移動に関連したこころとからだのしくみ①

大腿骨頸部骨折は、転倒によって生じることが最も多い。

立位姿勢を維持するための抗重力筋には、僧帽筋がある。

高齢になって筋肉が萎縮している状態を、フレイルという。

ボディメカニクスの原則では、てこの原理を活用している。

ボディメカニクスの原則では、基底面積と、支持面積を狭くする。

ボディメカニクスの原則では、重心を利用者からできるだけ遠ざける。

電話は、手段的日常生活動作（IADL）に含まれる。

音が外耳道から入ってくると、その圧の変化で、鼓膜が振動し、さらに3つの耳小骨を振動させて、内耳へと伝える。

答1 ○

大腿骨頸部骨折は**転倒**によって起きやすい。寝たきりを予防するためにも、早期から**リハビリテーション**を開始する。

答2 ×

立位姿勢を維持する**抗重力筋**には、**大腿四頭筋**、大臀筋、または脊柱起立筋がある。

答3 ×

高齢になって筋肉が萎縮している状態を、**サルコペニア**という。**フレイル**は、高齢になって筋力や活動が**低下**している状態をいう。

答4 ○

ボディメカニクスの原則には、**てこ**の原理を活用すること、重心線を**基底**面の中に位置させること、介護者の**重心**を低くすることなどがある。

答5 ×

ボディメカニクスの原則では、**基底**面積を広くし、**支持**面積も**広く**する。

答6 ×

ボディメカニクスの原則の１つとして、介護者と利用者の双方の**重心**を近づけ、移動時の**摩擦**面を小さくすることがある。

答7 ○

手段的日常生活動作（**IADL**）には、電話、買い物、洗濯などあり、**日常生活**動作（**ADL**）には、食事、排泄、移動、更衣などがある。

答8 ○

耳は外耳、中耳、内耳に分けられ、外耳道から入ってきた音は中耳の**鼓膜**と耳小骨（**ツチ骨**、キヌタ骨、アブミ骨）に、さらに内耳の蝸牛と三半規管から聴神経に伝わる。

Lesson 49 移動に関連したこころとからだのしくみ②

問1

長期間の臥床によって関節拘縮は起きるが、筋力低下は起きにくい。

問2

骨は、ミネラルとたんぱく質が主成分である。

問3

骨粗鬆症の予防法の1つに、日光を浴びながらのウォーキングがある。

問4

褥瘡は、皮膚の発赤から始まり、疼痛、潰瘍、壊死と進行する。

問5

仰臥位の時の褥瘡の好発部位として、仙骨部がある。

問6

脊髄小脳変性症の特徴として、失調性歩行がみられる。

問7

腰部脊柱管狭窄症の特徴として、動揺性歩行がみられる。

問8

車いすを自走させるためには、股・膝・足の関節が柔軟に曲がり、座位を保てることが必要である。

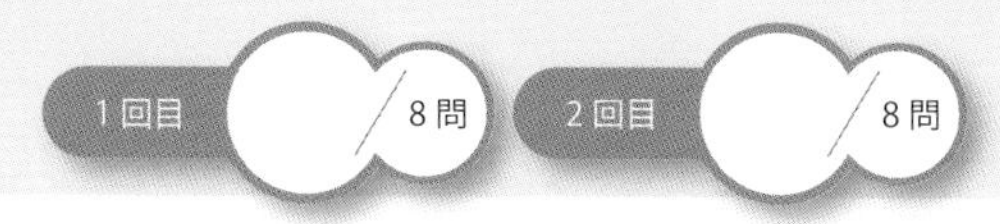

答1 ×

長期間の臥床によって、廃用症候群（関節拘縮、**筋力低下**）は起きる。1日で1～3%、1週間で**10**～**15**%の筋力低下が起きる。

答2 ○

骨には、カルシウムなどのミネラルと**たんぱく質**が含まれる。そして、骨をつくる**骨芽**細胞と壊す破骨細胞の働きで維持される。

答3 ○

骨粗鬆症の予防法には、①ウォーキングなどの**運動**、②**カルシウム**の摂取、③日光浴をして**ビタミンD**を生成すること、などがある。

答4 ×

褥瘡は、皮膚の**発赤**から始まり、疼痛、**壊死**、**潰瘍**と進行し、**潰瘍**が悪化すると骨にまで達することがある。発赤時は炎症を起こしているのでマッサージは行わない。

答5 ○

仰臥位（ぎょうがい）の時に骨の圧迫で**褥瘡**になりやすい部位は、**仙骨部**、肩甲骨部、踵骨（しょうこつ）部である。褥瘡の原因は他に皮膚のずれ、湿潤、**低栄養**がある。

答6 ○

脊髄小脳変性症は、**運動失調**を主症状としており、歩幅が一定しないという**失調性歩行**がみられる。

答7 ×

腰部脊柱管狭窄症は、歩くと下肢がしびれて歩行困難になるも、しばらく休むとまた歩けるようになる**間欠性跛行**（かんけつせいはこう）がみられる。**動揺性歩行**は、筋ジストロフィーでみられる。

答8 ○

車いすを自走させるためには、股・膝・足の関節が柔軟に曲がり**座位**を保てること、ハンドリムを動かすための筋力や、肩・肘関節（ちゅうかんせつ）の**可動域**が必要である。

Lesson 50

身じたくに関連した こころとからだのしくみ

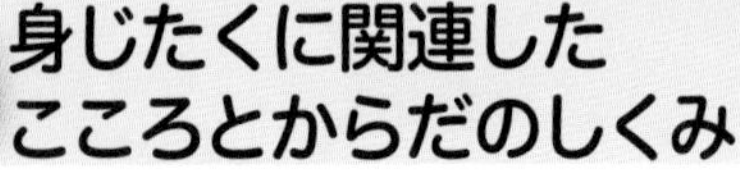

歯周病は、口臭の原因になりやすい。

口唇が閉じにくくなると、言葉の発音が不明瞭となっていく。

爪と毛髪は、たんぱく質の一種であるケラチンでできている。

頭皮は、トリグリセライドという表皮保護作用のある中性脂肪を分泌している。

歯は、エナメル質、象牙質、セメント質から成り、セメント質は体の中で最も硬い部分である。

さじ状爪は、肺疾患や心疾患によりみられる。

爪切りにおいて巻爪を防ぐためには、爪の両端を斜めに切るバイアス切りがよい。

唾液を分泌する大唾液腺には、舌下腺がある。

答1 ○

歯周病とは、歯垢（プラーク）内の細菌が繁殖することで、歯肉が赤く腫れたり、**口臭**が生じやすい。口臭があると他者との交流を避ける原因にもなる。

答2 ○

言葉の発音が不明瞭となる理由は、**唾液**が減少することと、口のまわりの**口輪筋**（表情筋）が衰えて口唇が閉じにくくなることである。パタカラ体操が効果的である。

答3 ○

爪と毛髪、皮膚の角質は**たんぱく質**の一種であるケラチンでできている。爪は1日におよそ0.1mm伸び、健康な爪は爪床の毛細血管が透けて見え**ピンク**色である。

答4 ○

頭皮は、**トリグリセライド**という表皮保護作用のある中性脂肪を分泌しているが、リパーゼによって分解され遊離脂肪酸となる。

答5 ×

歯は、**エナメル質**、**象牙質**、**セメント質**から成り、体の中で最も硬い部分は**エナメル質**である。

答6 ×

さじ状爪は鉄欠乏性**貧血**にみられ、爪の中央がへこんでスプーン状になる。肺疾患や心疾患では**ばち**状爪（爪が盛り上がる）が生じる。

答7 ×

爪切りにおいて巻爪を防ぐためには、爪の両端に角が残るように切る**スクエア**切りがよい。爪の両端を斜めに切る**バイアス**切りは巻爪になりやすい。

答8 ○

唾液を分泌する唾液腺には、**大**唾液腺と**小**唾液腺があり、大唾液腺には**舌下腺**、耳下腺、顎下腺がある。

Lesson 51 食事に関連したこころとからだのしくみ①

唾液は、1日に500 mℓ 程度分泌される。

食物が摂取され、体外に排出される過程は、食欲から始まり、摂食 ⇒ 嚥下 ⇒ 咀嚼 ⇒ 消化・吸収 ⇒ 排泄の順である。

摂食・嚥下のプロセスにおける先行期では唾液の分泌が増加する。

水、お茶、汁物などの水状のものは飲み込みやすく、スムーズに喉を通過するためむせにくい。

高齢者は誤嚥しても、むせる、咳き込むといった症状が出ないことがある。

摂食から嚥下までの過程の1つである咽頭期は、不随意的な運動で行われる。

誤嚥防止のためには、まず覚醒を促し、座位姿勢の調整を行う。

食後すぐに入浴すると、消化活動が亢進される。

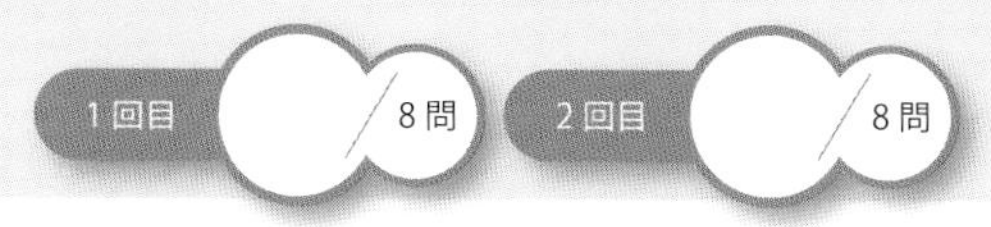

答1 ×

唾液の分泌量は、おおむね1日に1～1.5ℓとされている。ただし、唾液の分泌量は、加齢に伴い、低下していく傾向にある。

答2 ×

食物が摂取され、体外に排出される過程は、食欲から始まり、摂食 ⇒ 咀嚼 ⇒ 嚥下 ⇒ 消化・吸収 ⇒ 排泄の5段階である。

答3 ○

先行期は、食べ物の色や形、においから味などを想像して唾液を分泌させ食べる準備をする時期である。

答4 ×

さらさらした水状のものはむせやすい。誤嚥（ごえん）を防ぐには、調理の際にとろみをつけるような水分の形状の工夫が必要である。また、座位姿勢の調整も大切である。

答5 ○

気道を守る反射（気道防御反射）が低下していると、誤嚥しても、むせる、咳き込むといった症状が出ないことがあり、窒息や肺炎につながることがある。

答6 ○

咽頭期は、軟口蓋（なんこうがい）が鼻腔（びくう）を閉鎖し、食塊が咽頭を通過する段階であり、不随意的な運動で行われる。また、食塊が胃に流れる食道期も不随意的な運動で行われる。

答7 ○

食物が食道ではなく気管に入ってしまい誤嚥するのを防ぐためには、声をかけ覚醒を促したり、首が後屈しないように顎（あご）を軽く引いた姿勢に調整する。

答8 ×

食後すぐに入浴すると、消化活動が抑制されてしまうため、消化活動が終わる食後1時間半～2時間たってから入浴することが望ましい。

Lesson 51 食事に関連したこころとからだのしくみ②

三大栄養素にはビタミン、ミネラルが含まれる。

カリウムは血圧を上げ、ナトリウムは血圧を下げる働きがある。

ビタミンAはレバーや緑黄色野菜に多く含まれる脂溶性ビタミンである。

ビタミンCは、細菌感染症に対する抵抗力があり、欠乏すると皮下出血や貧血等が起こる。

ビタミンB_1には、酸化防止作用がある。

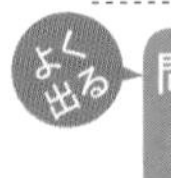

ビタミンDは、カルシウムの吸収を行い、骨粗（こつそ）鬆症（しょうしょう）の予防に関わる。

無機質はエネルギー源にはならないが、身体と精神の働きを正常に保つ働きをする。

鉄は、血液中のヘモグロビンの成分で、二酸化炭素の運搬に関与している。

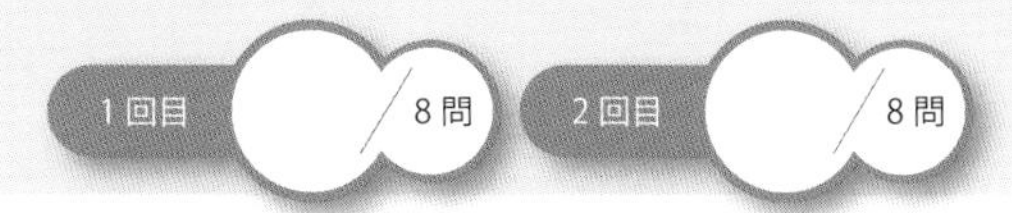

答1 ×

三大栄養素には、たんぱく質、脂質、炭水化物が含まれ、エネルギー源となる。ビタミン、ミネラルを追加して五大栄養素という。

答2 ×

カリウムは、ナトリウム（塩）を体外に排泄（はいせつ）する作用があり、血圧を下げる効果がある。ナトリウムは血液の浸透圧により血液量を増やし、血圧を上げる効果がある。

答3 ○

ビタミンAはレバーや緑黄色野菜に多く含まれる脂溶性ビタミンで、欠乏すると夜盲症や眼精疲労などが起こる。

答4 ○

野菜や果物等に多く含まれるビタミンCは、細菌感染に対する抵抗力があり、欠乏すると皮下出血、貧血、老化現象促進、抵抗力減少等が起こる。

答5 ×

豚肉、豆類、玄米等に多く含まれているビタミンB_1は、糖質のエネルギー代謝を促進させる作用があり、欠乏すると脚気、疲労、浮腫（ふしゅ）等が起こる。

答6 ○

ビタミンDは、腸管からのカルシウムの吸収を助け、カルシウムを骨に沈着させる。魚やきのこ類を摂取して体内に取り込んだり紫外線を浴びることで体内で生成する。

答7 ○

カルシウム、マグネシウム、鉄、リン、ナトリウム、カリウムなどの無機質は、人間の身体と精神の働きを正常に保つ働きをする。ナトリウムは血圧調節を行う。

答8 ×

血液中のヘモグロビンの成分で、酸素の運搬に関与している鉄は、お茶などに含まれているタンニンと化合すると吸収されにくくなってしまう。

Lesson 52 入浴・清潔保持に関連したこころとからだのしくみ

入浴の作用には、温熱作用、静水圧作用、浮力作用の３つがある。

湯温が中度の場合には、交感神経の働きが促進されて、血圧は低下し、筋肉も弛緩してリラックスできる。

入浴による下肢のむくみの軽減は、浮力作用の働きによるものである。

汗は、ナトリウムなどの電解質を成分として含んでいる。

高齢者は、湯船に長時間浸かり立ち上がると、血圧が上がる。

汗腺には、エクリン腺とアポクリン腺があり、どちらも表皮にある。

皮膚や呼吸からの蒸発によって失われる水分を不感蒸泄という。

皮膚の表面はアルカリ性に保たれている。

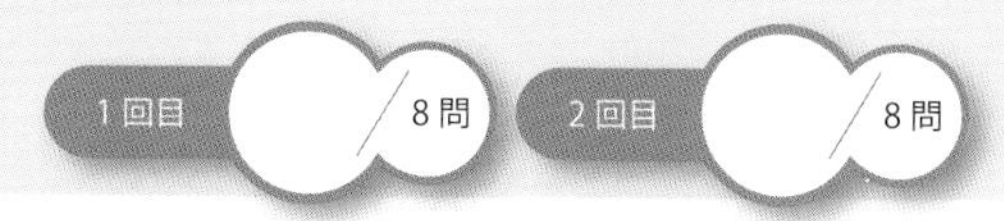

答1 ○

入浴の作用には、血行がよくなる温熱作用、水圧により血液循環が促進される静水圧作用、水中では体重が10%程度になり重さから解放される浮力作用がある。

答2 ×

湯温が中度の場合には、副交感神経の働きが促進されて、血圧は低下し、筋肉は弛緩し、腎臓の機能は促進される。

答3 ×

入浴による下肢のむくみの軽減は、静水圧作用の働きによるものである。

答4 ○

汗は、水とナトリウムなどの電解質を成分として含んでおり、血液からつくられる。発汗には、体温を大きく調節する機能がある。

答5 ×

浴槽に時間をかけて浸かり、急に立ち上がると、静水圧がなくなり血圧が低下し、めまいを起こしやすい。

答6 ×

汗腺には、エクリン腺とアポクリン腺があり、どちらも真皮にある。アポクリン腺は、体臭の原因となる。

答7 ○

人体は、身体から水分を蒸発することで体温を調節している。この蒸発には、発汗と、皮膚や呼吸からの蒸発によって失われる不感蒸泄がある。

答8 ×

皮膚の表面は皮脂膜によって弱酸性に保たれており、ばい菌が増えないように守っている。

Lesson 53 排泄に関連したこころとからだのしくみ

過活動膀胱では、頻尿、尿意切迫感などの症状がみられるが、尿失禁することはない。

切迫性尿失禁は、膀胱から少しずつ尿が漏れ出る失禁で、男性に多く起こる失禁である。

機能性尿失禁は、トイレの場所がわからなくなるために起きる尿失禁である。

腹圧性尿失禁には、ケーゲル法（骨盤底筋訓練法）が有効である。

便意は便が肛門に達すると生じ、排便の意思によって肛門括約筋がゆるみ、腹圧をかけることで便が排出される。

筋力低下や運動不足により大腸の蠕動運動が低下することによって、痙攣性便秘になりやすい。

直腸性便秘は、直腸に便が送られていても排便反射が弱いために起きる。

ブリストル便性状スケールのタイプ1は水様便である。

答1 ×

過活動膀胱には、**神経因性**のものと、原因が特定できない**非神経因性**のものがあり、頻尿、尿意切迫感、**切迫性尿失禁**などの症状がみられる。

答2 ×

溢流性尿失禁の説明である。尿意を感じてから排泄までの時間が短くなり、トイレに間に合わないために起きる尿失禁を**切迫性**尿失禁という。

答3 ○

認知症などによって、トイレの場所がわからなくなるために起きる尿失禁のことを**機能性**尿失禁という。

答4 ○

くしゃみや咳などで尿が漏れる腹圧性尿失禁は、尿道が短い**女性**に多く、**ケーゲル**法（**骨盤底筋**訓練法）が有効である。

答5 ×

便は、腸管の**蠕動運動**によって送り出され、**直腸**に達すると便意が生じ、排便の意思によって**肛門括約筋**がゆるみ、腹圧をかけることで排出される。

答6 ×

弛緩性便秘の原因に大腸の蠕動運動の低下がある。腸蠕動運動を高めるには**食物繊維**の摂取が大切である。**痙攣性**便秘の原因には、過敏性腸症候群がある。

答7 ○

直腸性便秘は、排便反射が**弱く**便意を催さなかったり、腹筋が弱く**腹圧**をかけられないために起こる。

答8 ×

ブリストル便性状スケールは、タイプ１（**コロコロ便**）から、タイプ４（**普通便**）、タイプ７（**水様便**）まで分類されている。

Lesson 54

休息・睡眠に関連したこころとからだのしくみ

概日リズム（サーカディアンリズム）とは、約24時間の睡眠ー覚醒（かくせい）リズムのことである。

レム睡眠は、急速眼球運動を伴う眠りである。

熟睡するためには、就寝前に飲酒や夜食を摂るようにする。

人体には体内時計があり、加齢によりその働きは低下する。

抗ヒスタミン薬は､眠気を引き起こすことが多い。

加齢によって深い眠りが増え、睡眠周期は規則的になる。

レストレスレッグス症候群（むずむず脚症候群）は、不眠の原因になる。

睡眠時無呼吸症候群は、気道の狭い人が、睡眠により気道が閉塞してしまうことで起こる。

答1 ○

約24時間周期の睡眠－覚醒リズムを、概日リズム（サーカディアンリズム）といい、概日リズム睡眠障害になると、日中強い眠気が起き、深夜に覚醒してしまう。

答2 ○

レムとはREM(Rapid Eye Movement：急速眼球運動)を意味する。レム睡眠時には脳が覚醒に近い状態にあり、夢を見やすい。

答3 ×

就寝前に食事を摂取すると、胃腸が消化活動を行い続けるため熟睡できなくなる。また、飲酒すると、3時間程度で覚醒し、その後は浅い眠りになってしまう。

答4 ○

体内時計（視床下部の視交叉上核（しこうさじょうかく）に存在する）の働きは加齢によって低下し、睡眠障害が起こりやすくなる。

答5 ○

風邪薬やかゆみ止めに含まれ、アレルギー反応を抑える抗ヒスタミン薬の副作用には、眠気や集中力の低下、だるさがある。

答6 ×

高齢者の睡眠の特徴には、①夜間の睡眠時間の減少、②不規則な睡眠周期、③浅い睡眠、があり、入眠障害や中途覚醒、早朝覚醒などが増える。

答7 ○

レストレスレッグス症候群とは、夕方以降に生じやすい下肢のむずむず感のことで、不眠の原因になる。

答8 ○

睡眠時無呼吸症候群は、気道の狭い人が、睡眠により周囲の筋肉が緩み、気道が閉塞してしまうことで起こる。

Lesson 55 人生の最終段階に関連したこころとからだのしくみ

アドバンス・ケア・プランニングとは、医療者と家族のよりよい看取りのための計画である。

鎮痛薬のモルヒネを使用した際には、発熱に注意する。

終末期におけるチェーンストークス呼吸では、息をするたびに肩を動かしたり、下顎を動かすようになる。

死が近づいている時の身体の変化には、喘鳴や手足の冷たさがある。

リビングウィルとは、終末期において医師から余命宣言を受けることである。

死後硬直とは､死亡によって筋肉が弾力性を失い、関節が固まった状態のことで、死後２～４時間で始まる。

大切な人との死別後、家族の悲嘆反応には探索行動がある。

キューブラー-ロス（Kübler-Ross, E.）は、死を受容する過程を、否認、怒り、取引、抑うつ、受容の５段階で示した。

答1 ×

アドバンス・ケア・プランニングとは、**人生会議**とも呼ばれ、本人を主体に家族や医療・介護ケアチームが繰り返し**話し合い**、本人の**意思**決定を支援することである。

答2 ×

鎮痛薬の**モルヒネ**の副作用には、**呼吸抑制**、悪心、嘔吐、便秘、眠気、めまいなどがあり、観察が必要である。

答3 ×

肩呼吸、**下顎呼吸**の説明である。チェーンストークス呼吸は、10～30秒ほど呼吸が止まり、**浅め**の呼吸からゆっくりと**深く**大きな呼吸へというリズムを繰り返す。

答4 ○

死が近づくと、気道内に分泌物がたまって、呼吸のたびに**ゼーゼー**、**ゴロゴロ**と音がする。また、末梢循環が悪くなり四肢が冷たくなる。

答5 ×

リビングウィルとは、終末期に自分が望むケアについてあらかじめ**書面**に示しておくことである。例えば、延命措置を拒否する意思を示すなどである。

答6 ○

死後硬直は、死後**2**～**4**時間で始まり、半日程度で全身に及ぶ。**死斑**は、死後20～30分で始まる。

答7 ○

家族の悲嘆反応（**グリーフ**）には、死別した人とかかわりの深い物や場所に固執する**探索行動**がある。

答8 ○

キューブラー-ロスは、死を受容する過程を、**否認**、**怒り**、**取引**、**抑うつ**、**受容**に区分した。ただし、個別性はある。

◎重要ポイントを まとめてチェック！

■摂食・嚥下の５期モデル

先行期（認知期）	食物のにおい・形・色を認知する
準備期（咀嚼期）	食物を口に入れ、咀嚼して、食塊に整える
口腔期（嚥下第１期）	食塊を口腔から咽頭へ送る
咽頭期（嚥下第２期）	食塊が嚥下反射によって咽頭を通過する
食道期（嚥下第３期）	食塊は食道入口から入り、胃へ送り出される

■代表的な記憶の種類とその特徴

手続き記憶	自転車の乗り方を習得したことなどの身体で覚えている情報・記憶
意味記憶	家族の名前や誕生日などの個人的な事実や、一般的な知識についての記憶
作業記憶	ワーキングメモリーとも呼ばれ、短い時間、あることを記憶にとどめておき、それと同時に、認知的作業を頭の中で行う記憶
感覚記憶	視覚や聴覚などの感覚器によりごく短期間保管された記憶
エピソード記憶	特定の時間と場所での個人にまつわる出来事のように、過去の経験と時間とが連結された記憶
展望的記憶	来月の予定の日時や場所などの将来や未来に関する記憶

■終末期の呼吸

チェーンストークス呼吸	30秒弱程度呼吸が止まった後、浅めの呼吸から深く大きな呼吸となるという一連の周期を繰り返す呼吸
肩呼吸	息をするたびに肩も動く呼吸
下顎呼吸	下顎をガクガクと動かす呼吸
鼻翼呼吸	少しでも空気を吸おうと小鼻が開く呼吸

■死別への悲嘆反応

悲しみ・怒り	自然に湧いてくる感情。人によって表現は異なる
罪悪感・自責感	後悔し、自分を責める感情
不安感・孤独感	生活や心の支えを失ったことで生じる
探索行動	故人の大切にしていた物に触れたり、場所に行く行動

9章 発達と老化の理解

Q&A

この科目では、乳幼児期から老年期までの人間の発達、老化や加齢に伴う心身の変化、高齢者に多くみられる疾患を中心に学習していきます。ここ近年は、子どもの成長発達過程、老年期の発達理論も出題されますので、ポイントを押さえながら覚えていきましょう。

Lesson 56 人間の成長と発達の基礎的理解

成長・発達の方向性としては、微細運動の発達の後、粗大運動が発達する。

子どもの成長は個人差があるが、3歳頃には二語文を話すようになる。

子どもの標準的体重は、生後3か月で出生時の約2倍になる。

エリクソン（Erikson, E.H.）の発達段階説では、成人期初期の発達課題は同一性の獲得である。

スキャモンの発達曲線によると、リンパ系は20歳頃から急速に発達する。

ボウルビィ（Bowlby, J.）の愛着理論とは、子どもと養育者との間の親密な関係性をいう。

社会的参照とは、周りの人の表情や行動を参考にして、自分の行動を決めることである。

ストレンジ・シチュエーション法による愛着の安定型は、親と離れると泣き、再会すると安心する。

答1 ×

発達の方向性としては、肩や腕を動かすという粗大運動の後、手や指を動かすという微細運動が発達する。

答2 ×

乳幼児の成長は個人差があるが、だいたい6か月頃に喃語を話し、1歳半頃に語彙爆発が起きて一語文を話し出し、2歳前後で二語文を話すようになる。

答3 ○

子どもの体重は生後3か月で約2倍となり、1年後には約3倍となる。身長は1年後に出生時の1.5倍になる。

答4 ×

エリクソンの発達段階説では、成人期初期は、親密性の獲得の時期である。同一性（アイデンティティ）の獲得は青年期の課題である。

答5 ×

スキャモンの発達曲線によると、リンパ系は生後早い段階から12歳頃まで急速に発達し大人のレベルを超えるが、その後低下し、20歳頃には大人のレベルになる。

答6 ○

愛着理論とは、子どもと養育者の間に安心感による親密な関係性が形成されると、子どもは愛着行動を示したり、その後の社会性も獲得しやすいという理論である。

答7 ○

1歳頃になると、経験のない出来事に出会った時、周囲の人の表情や反応を参考にして、自分の行動を決めていく。これを社会的参照という。

答8 ○

乳幼児と養育者の愛着行動を調べるストレンジ・シチュエーション法には、回避型、安定型、抵抗型、無秩序型の4タイプがある。安定型は親への信頼感がある。

Lesson 57 老年期の基礎的理解①

高齢者虐待防止法で定義する高齢者は、65歳以上の者としている。

世界保健機関（WHO）の定義では、65～74歳を前期高齢者という。

超高齢社会とは、65歳以上の人口が総人口に占める割合が21％以上の社会をいう。

人口全体の死因で最も多いのは、老衰である。

後期高齢者医療制度は、原則、後期高齢者医療広域連合の区域内に住所を有する75歳以上の者を被保険者としている。

エイジズムとは、高齢者に対して敬意を払うことである。

ライチャード（Reichard, S.）による老年期の性格類型において、円熟型、依存型、防衛型は、社会に適応しにくいタイプである。

ニューガーテン（Neugarten, B.L.）は、高齢者の人格を4類型に分類した。

答1 ○

高齢者虐待防止法第2条では、高齢者を65歳以上の者と定義している。

答2 ○

WHOの定義では、65歳以上を高齢者、65～74歳を前期高齢者、75歳以上を後期高齢者という。

答3 ○

超高齢社会とは、65歳以上の人口が総人口に占める割合が21%以上の社会をいう。わが国の高齢化率は、2023（令和5）年9月15日現在、29.1%となっている。

答4 ×

死因の第1位は悪性新生物、第2位は心疾患、第3位は老衰、第4位は脳血管疾患である。(2022〔令和4〕年人口動態統計)

答5 ○

なお、後期高齢者医療広域連合の区域内に住所を有する65歳以上75歳未満の一定の障害の状態にある者で、当該広域連合の認定を受けた者も被保険者となる。

答6 ×

高齢者は差別の対象となりやすく、高齢者に対する差別や偏見をもつことをエイジズムという。

答7 ×

円熟型、依存型、防衛型は、老後をうまく受け入れており、社会に適応したタイプである。社会に適応しにくいタイプは、憤慨（ふんがい）型、自責型である。

答8 ○

ニューガーテンは、高齢者の人格を統合型、防衛型、依存型、不統合型の4類型に分類し、さらに社会参加の程度などを考慮して8つの型に分けた。

Lesson 57 老年期の基礎的理解②

「自分は年老いた」と自覚することを老性自覚といい、65歳を過ぎると誰にでも現れる。

喪失体験とは、心理的な喪失のことである。

問3

重要な他者との死別体験へのコーピングでは、まず悲嘆に直面させることが重要である。

人生の最晩年において、現状を肯定的に受け入れていくことを老年的超越という。

選択最適化補償理論とは、加齢による変化に適応していくための方法を示している。

シュトレーラーは生理的老化の特徴を4原則にまとめている。

老化学説には、活性酸素の増加によって老化が起こるという遺伝子プログラム説がある。

アパシーとは、気持ちが落ち込む状態である。

答1 ×

「自分は年老いた」と思う**老性自覚**が現れる年齢には大きな個人差がある。老性自覚には**健康状態**が関係し、疾病があると自覚しやすい。

答2 ○

喪失体験とは、個々人にとっての**心理的**な喪失体験のことである。同じ出来事を体験しても、喪失体験になるとは限らない。

答3 ×

ストローブ（Stroebe, M.S.）とシュト（Schut, H）の**悲嘆**モデルでは、死別へのコーピングは**喪失**志向と**回復**志向の間を揺らぐので無理に直面させる必要は**ない**。

答4 ○

老年的超越とは、現状を**肯定的**に受け止められるようになり、今までの枠にとらわれなくなる状態のことである。

答5 ○

選択最適化補償理論とは、加齢による能力の低下に**適応**するため、生活の仕方や行動を**選択**、資源の**最適化**により**補償**していく考え方である。

答6 ○

生理的老化の4原則とは、①誰にでも普遍的に起こる、②**遺伝**的にプログラムされている、③老化は元には**戻らない**、④ヒトにとって有害である。

答7 ×

老化の原因を活性酸素によって説明する説は、**フリーラジカル説**である。**遺伝子プログラム説**は、遺伝子にもともと老化が組み込まれているという考え方である。

答8 ×

アパシーは**無気力**になる状態で、うつ病と間違われやすいが、うつ病は気持ちが落ち込むのに対して、アパシーは何に対しても**関心**がなくなり、落ち込むこともない。

Lesson 58 老化に伴うこころとからだの変化と生活①

加齢に伴う全身の変化として、ホメオスタシスの低下が挙げられる。

加齢に伴い、唾液の分泌が減少するだけでなく、胃酸の分泌も低下する。

加齢に伴い、視野が狭くなり、色の識別能力も低下するが、明暗順応に変化はみられない。

加齢に伴い、聴覚は低音域から感度が低下する。

加齢に伴い、嗅神経（きゅうしんけい）の変性により、嗅覚（きゅうかく）が敏感になる。

加齢に伴い、味覚にも変化がみられ、薄味を好むようになる。

高齢者の転倒は、服用している薬剤が関連することもある。

加齢に伴い、弛緩性便秘と直腸性便秘が増える。

答1 ○

加齢に伴う全身の変化として、**ホメオスタシス**（身体の恒常性を維持する能力）の低下があり、病気になると元の健康な状態に戻りにくい。

答2 ○

加齢に伴い、唾液や胃酸の分泌量が**低下**するため、栄養素の消化吸収の**低下**が起こりやすくなる。

答3 ×

加齢に伴い、視力（特に**近方**視力）や焦点の調節力が低下して視野が狭くなり、**色**の識別能力や**明暗順応**（明るさ・暗さに目が慣れること）も低下する。

答4 ×

加齢に伴い、聴覚は**高音域**から感度が低下し、**感音性**難聴となりやすい。

答5 ×

加齢に伴い、鼻粘膜の萎縮、嗅細胞の**減少**、嗅神経の変性により、**嗅覚は低下**し、食物の腐敗に気づきにくくなる。

答6 ×

加齢に伴い、匂いを感じる**嗅覚**（きゅうかく）が低下すると、味覚にも変化がみられ、甘・辛・苦・酸ともに味覚の**感受性**が低下し、**濃い**味つけを好むようになる。

答7 ○

高齢者は**薬剤の副作用**が強く現われることがあり、眠気、ふらつき、筋緊張低下によって**転倒**の危険性がある。

答8 ○

弛緩性便秘は大腸の**蠕動運動**（ぜんどううんどう）が弱くなって便秘になり、**直腸性**便秘はいきむ力が弱くなったり、便意を感じず**排便反射**が弱いことで起きる。

Lesson 58 老化に伴うこころとからだの変化と生活②

高齢者における心身機能の低下の程度や出現の仕方は、個人差が大きい。

エピソード記憶は老化に影響されにくい。

長期記憶は長期間、限られた容量を覚えている記憶のことである。

老年期になっても、複数のことを同時に行う能力は変わらない。

学習性無力感とは、いくら努力しても解決しないため、無気力状態になることである。

寝たきりの高齢者は、長期にわたり寝たままの姿勢で排泄（はいせつ）を繰り返すため、尿路感染症を起こしやすい。

高齢者にとって、環境や生活習慣の変化が、睡眠の質の低下や不眠につながりやすい。

高齢になると、メラトニンが増えノンレム睡眠が増えるため、良眠しやすい。

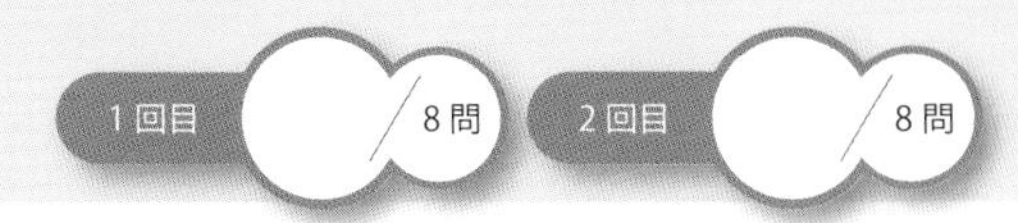

答1 ○

高齢者では、**生活習慣**や遺伝的な要因の違いが大きく現れることから、新陳代謝や運動能力などの**心身機能**の低下の程度や出現の仕方は、**個人差**が大きい。

答2 ×

老化に影響されにくいのは**意味**記憶で、影響されやすいのは**エピソード**記憶である。

答3 ×

長期記憶は容量に制限が**なく**、長期間覚えている記憶のことである。**短期**記憶は**限られた**容量を短い時間のみ覚えている記憶のことである。

答4 ×

加齢によって、①**複数**のことを同時に行う能力、②複数の情報から1つのことに**集中**する能力、といった注意機能は低下する。

答5 ○

学習性無力感とは、「何をしても無駄」ということを**学習**してしまい、**意欲が低下**することである。

答6 ○

寝たきりの高齢者は、長期にわたり寝たままの姿勢で**排泄**を繰り返すため**雑菌**が尿路を逆行しやすく、**尿路感染症**を起こしやすい。

答7 ○

高齢者は、適応能力の低下により、施設入所など、環境や生活習慣が変化することで、**睡眠**の質が低下し、**不眠**につながりやすい。

答8 ×

高齢になると、メラトニンが**減少**し、深い眠りであるノンレム睡眠が減少し、**中途覚醒**や早朝覚醒といった不眠傾向が強まる。

Lesson 59 健康と高齢者の疾患①

高齢者の脱水は、体重に変化はみられない。

平均寿命と健康寿命の差は不健康な期間を意味する。

加齢に伴い、疾患の症状は定型的になり、慢性化することが多い。

高齢者の疾患の特徴として、複数疾患の合併が多いことが挙げられる。

高齢者の疾患の特徴として、環境因子の影響を受けにくいことが挙げられる。

高齢者が体調を崩したときに、大事をとって長期間寝ていると、生活不活発病になることがある。

プロダクティブエイジングとは、高齢であっても生産的で創造的な活動を行い、社会的貢献をするような生き方を目指す考え方である。

サクセスフル・エイジングとは、老化にうまく適応し、幸せな老年期を生きることである。

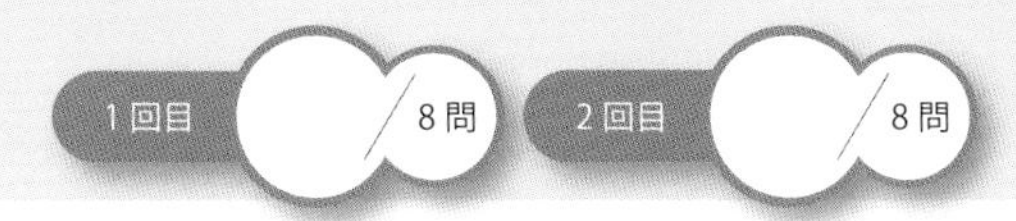

答1 ×

高齢者は体液量が少ないため**脱水**を起こしやすく、水分量が減るので**体重**も減少しやすい。しかも、高齢者は**口渇**を感じにくいため脱水状態に気づきにくい。

答2 ○

健康寿命とは、介護を受けずに自立した生活を送れる期間であり、**平均**寿命から介護期間を引いた期間である。わが国では健康寿命を延ばすことを目標としている。

答3 ×

加齢に伴い、疾患の症状は**非定型的**になりやすく、**慢性化**することが多い。

答4 ○

高齢者は、生活習慣病など**複数**の疾患を**合併**することが多い。

答5 ×

高齢者は、生活環境や家族、周囲の人たちを含む**環境**因子が疾患に影響しやすい。

答6 ○

高齢者が体調を崩したときに、大事をとって寝ていると、全身の機能が低下し、**生活不活発病**になることがあるため、臥床期間（がしょうきかん）が長くならないようにする。

答7 ○

プロダクティブエイジング（生産的高齢者）とは、高齢であっても、**プロダクティブ**（生産的·創造的）な活動を行い、その知識や経験で**社会貢献**する高齢者像を意味する。

答8 ○

老化にうまく適応し、幸せな老年期を生きることを、**サクセスフル・エイジング**という。

Lesson 59 健康と高齢者の疾患②

加齢に伴う咳反射機能の低下と喉頭挙上の不足により、誤嚥性肺炎（ごえんせいはいえん）を起こしやすくなる。

加齢に伴い、血管の内側の壁にグルコースが付着し、動脈硬化が生じやすくなる。

高齢者は、肝機能や腎機能の低下により、薬の副作用が起こりやすい。

薬疹（やくしん）は投与された薬剤に対するアレルギー反応による発疹（ほっしん）で、長期にわたり服用している薬剤によって起こることはない。

高齢者の転倒は、屋内よりも屋外が多い。

高齢者は、細胞中の水分量の減少や腎機能の低下等により脱水症状になりやすい。

脱水時は、徐脈を生じやすい。

高齢者では、ビタミンやミネラルの摂取不足による低栄養が起こりやすい。

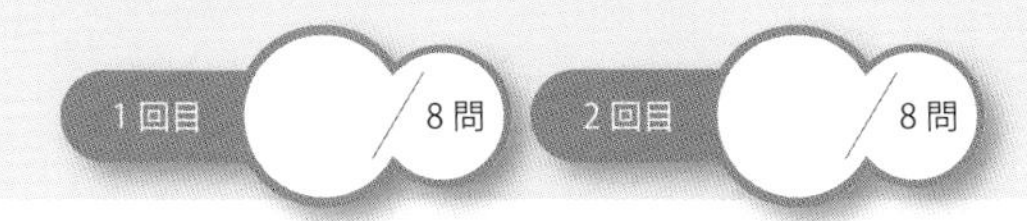

答1 ○

加齢に伴い、異物を気管支から吐き出す**咳反射**の機能が低下したり、**喉頭挙上**の不足により喉頭の閉鎖が弱まり、**誤嚥性肺炎**を起こしやすくなる。

答2 ×

加齢に伴い、血管の内側の壁に**コレステロール**が付着し、**動脈硬化**が生じて血圧が高くなる。

答3 ○

高齢者は、解毒を行う**肝**機能の低下や、余分な薬を尿に排出する**腎**機能の低下により、薬の**副作用**が起こりやすい。

答4 ×

薬疹は投与された薬剤に対する**アレルギー反応**による発疹で、どの薬剤によっても起こる可能性があり、**長期**にわたり服用している薬剤によっても生じることがある。

答5 ×

高齢者の転倒は、屋外よりも**屋内**が多く、そのなかでも**居室**が多い。高齢者の転倒は**薬剤**の副作用の可能性もある。

答6 ○

高齢者の脱水症状の原因としては、細胞中の**水分**量の減少、**腎**機能の低下のほか、排泄(はいせつ)の介護に対する遠慮から水分摂取を控えることなどがある。

答7 ×

脱水時は**頻**脈を生じやすくなる。低栄養などの場合には**徐**脈を生じやすい。

答8 ×

高齢者にみられる低栄養の主な原因は、**たんぱく質**や**エネルギー**の摂取不足である。

Lesson 60 高齢者に多い疾患（運動器系）

大腿骨頸部骨折は、高齢者に多く、寝たきりの原因になるだけでなく、認知症の原因にもなる。

骨粗鬆症は、痛みを感じることで発見されやすい。

変形性関節炎は関節の軟骨がすり減り起こるもので、変形性膝関節症は女性に多い。

変形性膝関節症では、膝関節への負担を減らし、膝を冷やすとよい。

骨粗鬆症は骨折の原因となるため、絶対安静が望ましい。

高齢者の骨折では、脊椎圧迫骨折、橈骨遠位端骨折や大腿骨頸部骨折が多い。

褥瘡予防のため、体位変換はできるだけ避ける。

関節リウマチは、中高年の女性に多い進行性の多発性関節炎で、症状は天候に左右されやすい。

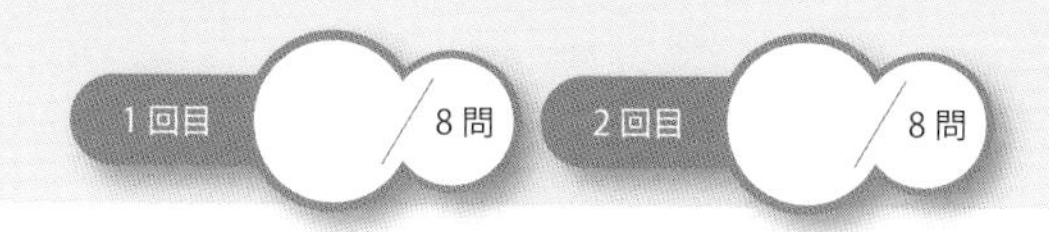

答1 ○ 大腿骨頸部骨折は高齢者に多く、寝たきりの原因になるだけでなく、長期臥床に伴い認知症の原因にもなる。

答2 × 骨粗鬆症とは、骨の量（骨量）が減って骨が弱くなり、骨折しやすくなる疾病であるが、通常、痛みを感じることはない。

答3 ○ 変形性関節炎は、関節の老化などにより関節の軟骨がすり減ることによって起こるもので、膝に起こる変形性膝関節症は女性に多い。

答4 × 変形性膝関節症は、膝関節に負担のかかる動作を減らしたり、肥満を予防し、膝を冷やさないようにする。

答5 × 骨粗鬆症は、骨量が減少し骨折しやすい。適度な運動によって骨に負担をかけて骨量を増やしていく。

答6 ○ 脊椎圧迫骨折は、転倒などにより脊椎が圧迫されてつぶれたようになる骨折で、骨粗鬆症の高齢女性に多い。

答7 × 褥瘡の原因には、圧迫による血流の減少、摩擦やずれによる皮膚の損傷、排泄物による汚染、栄養状態の低下などがあり、体位変換は大切である。

答8 ○ 関節リウマチの症状は、天候に左右されやすく、雨の日や寒い日に痛みが強まる傾向がある。過労やストレスも症状を悪化させる原因になる。

Lesson 61 高齢者に多い疾患（脳神経系）

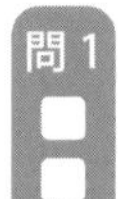

脳出血とは、脳の内部に生じる出血で、脳出血を発症した部位と同じ側に片麻痺（かたまひ）が生じる。

くも膜下出血は、脳の表面を覆う軟膜とくも膜の間にある動脈瘤が破裂して発症する。

ラクナ梗塞とは、比較的太い動脈で動脈硬化が進行し、血管が詰まる状態である。

心原性脳塞栓症とは、心臓や首の動脈でできた血栓が､脳の動脈に流れ着き詰まらせた状態である。

多発性脳梗塞は、パーキンソン症候群の原因になる疾患である。

パーキンソン病は、神経伝達物質のドーパミンが減少し運動障害が起こる。

高血圧症は、大半が動悸（どうき）、頭痛、ほてりなどの自覚症状があるため、早期発見されやすい。

本態性高血圧症の治療では、塩分制限や肥満の改善など生活習慣の改善が行われる。

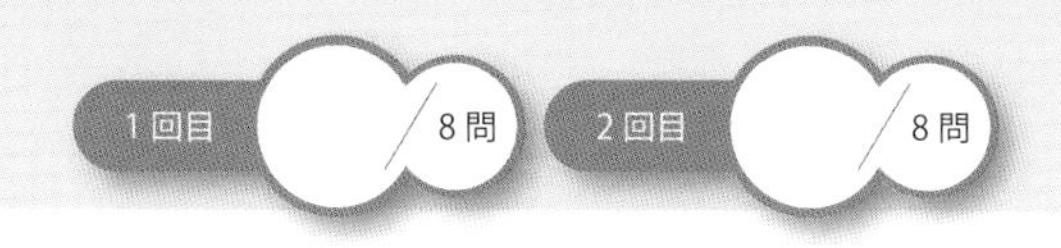

答1 ×

脳出血を発症した部位と**反対**側に片麻痺が生じる。右大脳半球に脳出血が生じた場合は、**左**側に麻痺が現れる。

答2 ○

くも膜下出血の症状は、突発性の激しい**頭痛**が特徴で、吐き気や嘔吐を伴い、**意識**障害を伴うことがある。

答3 ×

ラクナ梗塞とは、脳の深部のきわめて**細い**血管が詰まる状態である。太い動脈に動脈硬化や血栓が生じて詰まるのは、**アテローム血栓性脳梗塞**である。

答4 ○

心原性脳塞栓症は、**心臓**や頸動脈でできた血栓が、**脳**の動脈に詰まって発症するもので、**心臓病**で**不整脈**がある人は起こりやすい。

答5 ○

多発性脳梗塞は、**パーキンソン症候群**や**血管性認知症**の原因になる。

答6 ○

パーキンソン病は、**神経変性**疾患で**ドーパミン**の減少で起こる。4大症状には、**振戦**、**無動**、固縮、**姿勢反射障害**がある。

答7 ×

高血圧症は、大半が動悸、頭痛、ほてりなどの**自覚症状**を**欠く**ため、健診や他の病気の受診時に**発見**されることが多い。

答8 ○

本態性高血圧症の治療では、塩分制限や肥満の改善など**生活習慣**の改善が行われる。一方、二次性高血圧症の治療では、原因となる**疾患**への治療が行われる。

Lesson 62 高齢者に多い疾患(循環器系)

急性心筋梗塞では、非常に激しい胸の痛みが30分以上持続し、顔面蒼白、冷汗、嘔吐等の症状が現れる。

心筋梗塞とは、心臓の血液の流れが悪くなり、心臓の筋肉が一時的に酸素欠乏状態に陥った状態である。

狭心症には、労作性狭心症と安静時狭心症があるが、わが国では安静時狭心症の発症頻度が高い。

狭心症の症状は、冷や汗を伴う激しい胸痛や胸の圧迫感が30分以上続くため、モルヒネが用いられる。

うっ血性心不全には左心不全と右心不全があり、呼吸困難、チアノーゼなどの症状がみられるのは右心不全である。

心房細動の合併症として、脳梗塞が起こることが多い。

心不全が進行すると、息切れやチアノーゼが生じやすい。

高齢者は、造血機能が低下して血液中のヘモグロビンが不足し、鉄欠乏性貧血を起こしやすい。

答1 ○

急性心筋梗塞では、非常に激しい胸の痛みが30分以上持続し、顔面蒼白等の症状が現れる。ただし、高齢者では痛みのない**無痛性心筋梗塞**も少なくない。

答2 ×

心筋梗塞とは、心臓にある冠動脈の血液の流れが血栓などによって**止まり**、心臓の一部の筋肉が**壊死**(えし)を起こした状態である。

答3 ×

狭心症には、労作時に起こる**労作性**狭心症と、安静時に起こる**安静時**狭心症があるが、わが国では**労作性**狭心症の発症頻度が高い。

答4 ×

狭心症の痛みは10分程度でおさまる一時的なもので、発作時には**ニトログリセリン**の舌下投与が行われる。モルヒネは設問の記述のような**心筋梗塞**の発作時に用いられる。

答5 ×

うっ血性心不全には、呼吸困難や**チアノーゼ**などの症状が現れる**左**心不全と、全身の浮腫(ふしゅ)や胃腸機能障害などが現れる**右**心不全がある。

答6 ○

心房細動には、頻脈、動悸(どうき)、不整脈などの症状がみられ、**脳梗塞**を合併することが多い。

答7 ○

心不全によって心臓の**ポンプ**機能が低下し、血液を全身に送り出せないので、息切れ、**呼吸困難**、チアノーゼが生じる。

答8 ○

高齢者は、造血機能が低下して血液中の**ヘモグロビン**が不足し、**鉄欠乏性**貧血を起こしやすいため、積極的に**鉄分**を摂取することが必要である。

Lesson 63 高齢者に多い疾患（呼吸器・消化・泌尿系）

高齢者の肺炎の場合、典型的な症状を示しやすく、高熱がみられる。

慢性閉塞性肺疾患（COPD）とは、肺気腫と慢性気管支炎の両方の総称で、気管支喘息は除外されている。

逆流性食道炎の代表的な症状は、胸やけや呑酸である。

前立腺肥大症の症状には、排尿困難、頻尿、残尿感などがある。

加齢に伴い、腸の蠕動運動が低下して便秘しやすくなる。

直腸性便秘とは、薬剤の副作用で起きる便秘のことである。

器質性便秘には大腸がんによるものがある。

腹圧性尿失禁とは、トイレまで我慢できずに漏らすことをいう。

答1 ×

高齢者の肺炎の場合、**典型**的な症状がみられないこともあり、**高熱は出ない**ことが多い。高齢者は**免疫**力の低下によって肺炎を生じやすい。

答2 ○

慢性閉塞性肺疾患（COPD）とは、**肺気腫**と**慢性気管支炎**の両方の総称で、急性・可逆性の気道閉塞を主徴とする気管支喘息は除外されている。

答3 ○

逆流性食道炎は、強酸性の胃液が逆流し起こる食道の炎症である。症状には、**胸やけ**、**呑酸**（すっぱい液体が上がってきてゲップが出る）がある。

答4 ○

前立腺肥大症は、男性ホルモンが関与し前立腺が肥大するため、尿が**出にくく**なり（**排尿困難**）、尿が膀胱内に残り（残尿感）、トイレに行く回数が増える（**頻尿**）。

答5 ○

加齢に伴い、腸の蠕動運動が低下して**便秘**しやすくなるため、**食物繊維**を摂取し、適度な**運動**をするよう心がけるとよい。

答6 ×

直腸性便秘とは、便が直腸まで来ているのに、排便を我慢する習慣によって**排便反射**が弱くなり、**便意**を感じなくなることで起きる便秘のことである。

答7 ○

器質性便秘とは腸管が何らかの原因で狭窄（きょうさく）している状態で、原因には**大腸がん**、腸閉塞（ちょうへいそく）などがある。

答8 ×

腹圧性尿失禁とは、**咳やくしゃみ**をしたり、重い物を持ったときに**腹圧**がかかり、尿が漏れることをいう。

Lesson 64 高齢者に多い疾患（内分泌・皮膚・感染症）

1型糖尿病は中高年に多く、2型糖尿病は子どもに多く発症する。

薬物治療を受けている糖尿病の人は、低血糖症状に気をつけなければならない。

脂質異常症は動脈硬化の原因になる。

白癬（はくせん）は、カビの一種である白癬菌（はくせんきん）が皮膚の真皮にまで入り込んで起こるもので、高齢者に多くみられる。

インフルエンザの感染経路は飛沫感染である。

ノロウイルスの症状は、嘔気（おうき）、嘔吐（おうと）、下痢などである。

疥癬（かいせん）の感染経路は、経口感染や飛沫感染である。

高齢になると皮脂が減少して皮脂欠乏症になりやすく、乾燥する時期には痒みを伴う皮膚掻痒症（ひふそうようしょう）が現れることが多い。

答1 ×

1型糖尿病は、膵臓のβ細胞の障害により**インスリン依存**型と呼ばれ、**子ども**や青年に多く発症し、2型糖尿病はインスリン非依存型と呼ばれ、**中高年**に多く発症する。

答2 ○

糖尿病で薬物治療を受けている人は、高い頻度で**低血糖**症状が現れる。特に高齢者は、若年者よりも**低血糖**症状を自覚しにくいので注意が必要である。

答3 ○

脂質異常症には、**高LDL**（悪玉）コレステロール血症、**低HDL**（善玉）コレステロール血症などがある。無症状で気づきにくいが、**動脈硬化**が進む恐れがある。

答4 ×

白癬は、**カビ**の一種である白癬菌が皮膚の**表皮**の一番外側の角質層に感染して起こるもので、足にできる白癬は、一般に**水虫**と呼ばれる。

答5 ○

インフルエンザは、**インフルエンザ**ウイルスによる感染症で、咳やくしゃみで飛んだつばで感染する**飛沫感染**である。

答6 ○

ノロウイルスは、感染性**胃腸炎**で、症状は、嘔気、**嘔吐**、**下痢**、腹痛である。

答7 ×

疥癬とは、**ヒゼンダニ**（**疥癬虫**（かいせんちゅう））による皮膚感染症である。感染経路は人と人との接触といった**接触感染**である。

答8 ○

高齢になると皮脂が減少して**皮脂欠乏症**になりやすく、冬などの乾燥する時期には痒みを伴う**皮膚掻痒症**が現れることが多くなる。

◎重要ポイントを まとめてチェック！

■ライチャードによる老年期の性格類型

適応	円熟型	自分の人生・過去を受容し、積極的かつ建設的な生活を送る。社会活動などに積極的に参加する傾向もある。
	依存型（安楽いす型）	受動的かつ消極的ながらも新しい環境にも適応できる。他者に依存しやすい傾向もある。
	防衛型	老化について否定的な考えや不安感が強い。また、防衛的態度が強く現れる。
不適応	憤慨型	自分の過去や老化の現実を受け入れられず、攻撃的で他者のせいにして周囲とトラブルを起こしやすい。
	自責型（自己嫌悪型）	後悔や自責の念が強く、孤立しやすい。また、自殺念慮やうつ症状を生じやすい。

■加齢に伴う主な身体的変化とその影響

代謝機能の低下	服用した薬が効きやすく、副作用が現れやすくなる。
味覚の低下	塩分や糖分の多い味の濃い食事を好むようになる。
唾液分泌量の減少	口腔内が乾燥しやすいだけでなく、口腔内の細菌が繁殖しやすくなる。
知能の低下	結晶性知能は、比較的維持される傾向にあるが、流動性知能は低下する傾向にある。

■代表的な感染症の種類とその特徴

肺炎	肺に実質的な炎症を生じる疾患であり、感染性肺炎や誤嚥性肺炎などの種類がある。
インフルエンザ	インフルエンザウイルスによる急性感染症であり、高熱や筋肉痛等の症状がみられる。
疥癬	ヒゼンダニ（疥癬虫）の寄生による皮膚感染症であり、重症例としてノルウェー疥癬がある。

認知症の理解

Q&A

この科目では、認知症の症状、認知症原因疾患の特徴・対応や認知症対策を学習していきます。特に、認知機能障害（中核症状）とBPSD（認知症の行動・心理症状）や様々な認知症ケア、地域でのサポート体制・家族への支援のあり方についての問題も増えてきているのでしっかりと覚えていきましょう。

Lesson 65 医学的側面からみた認知症の基礎①

認知症のうち最も多い血管性認知症は、全体の約7割を占めている。

認知症の定義は、日常生活に支障が生じる程度にまで記憶機能及びその他の認知機能が低下した状態とされている。

アルツハイマー型認知症は、健忘が初期症状で主症状である。

アルツハイマー型認知症の治療薬の効果は、認知症初期の進行防止に限られる。

アルツハイマー病は、脳にβたんぱく等の異常蓄積（老人斑）を生じるもので、アルツハイマー型認知症を引き起こす原因疾患である。

血管性認知症は、脳梗塞や脳出血などにより引き起こされる認知症で、認知スピードが遅くなり、反応が鈍くなるという特徴がある。

慢性硬膜下血腫（まんせいこうまくかけっしゅ）の治療において、抗凝固薬を使用すると早く回復する。

レビー小体型認知症では、鮮明で具体的な内容の幻視を見ることが多い。

答1 ×

認知症のうち最も**多い**のは**アルツハイマー型**認知症で、全体の約7割を占めている。次に多いのは、血管性認知症である。

答2 ×

2021（令和3）年の改正介護保険法施行で、アルツハイマー病等の疾患により日常生活に支障が生じる程度にまで**認知機能**が低下した状態とされ、**記憶機能**についての部分は削除された。

答3 ○

アルツハイマー型認知症の初期にみられる健忘は、**エピソード**（出来事）記憶の障害が中心で、**近時**（数分〜数か月）記憶の障害が顕著になる。

答4 ×

アルツハイマー型認知症の治療薬は、初期だけでなく、**中期**にも認知症の進行を遅らせることができると考えられている。

答5 ○

アルツハイマー病は、アルツハイマー型認知症発症の20〜30年前から始まる。初めの約**20**年間は症状がなく、その後、**軽度認知障害**（**MCI**）の時期を経て認知症を発症する。

答6 ○

血管性認知症は、**脳梗塞**や**脳出血**などが原因で引き起こされる認知症で、**認知スピード**が遅くなり、**反応**が鈍くなって、動作や会話が**緩慢**になるという特徴がある。

答7 ×

慢性硬膜下血腫は脳の打撲による出血が原因のため、**手術**によって血液を取り除くと症状は回復する。

答8 ○

レビー小体型認知症では、**鮮明**で具体的な内容の**幻視**を見ることが多く、見えたものを払いのけたりする動作が見られる。

Lesson 65 医学的側面からみた認知症の基礎②

レビー小体型認知症は、パーキンソン症状による嚥下障害が起きやすい。

前頭側頭型認知症の特徴的な症状には、常同行動がある。

前頭側頭型認知症のうち、主に側頭葉が萎縮するタイプでは、脱抑制や易怒性がみられ、主に前頭葉が萎縮するタイプでは物の名前が出てこない。

うつ病性仮性認知症の治療には、抗うつ薬が効果的である。

せん妄の特徴は、症状が変動することである。

せん妄は意識障害の1つで、薬剤の服用とは関係がない。

若年性認知症は、うつ病などの精神疾患と誤診され、正しい診断が遅れることがある。

若年性認知症は45歳未満で発生する認知症で、アルツハイマー型認知症が最も多い。

答1 ○

レビー小体型認知症では、レビー小体という物質が増え、神経細胞が減る。初期から幻視や、**パーキンソン症状**がみられ、**嚥下障害**や小刻み歩行が起きる。

答2 ○

前頭側頭型認知症の症状には、**脱抑制行動**（社会的ルールを守らない、衝動的な行動）や、同じ動作をくり返す**常同行動**がある。

答3 ×

前頭葉が萎縮するタイプでは、脱抑制や易怒性がみられ、反社会的な**行動障害**を起こす。**側頭葉**が萎縮するタイプでは、物の名前が出てこない**意味記憶障害**が起こる。

答4 ○

認知症と間違えられやすい病気に、うつ病がある。**うつ病性仮性認知症**と呼ばれ、うつ病の症状である、不眠、身体のだるさ、頭重感、希死念慮がある。

答5 ○

せん妄とは急激に生じる意識障害の一種で、1日の中でも変動が激しく（**日内変動**）、また夜間にも起こりやすい（**夜間せん妄**）。体調や環境の変化が誘因となる。

答6 ×

高齢者のせん妄は、**睡眠薬**などの薬剤服用によっても起こりやすい。

答7 ○

若年性認知症は、うつ病や統合失調症などの**精神疾患**と誤診され、正しい診断が遅れることがある。また、**実行機能障害**が先行して起こることもあり、仕事に支障が生じる。

答8 ×

若年性認知症は**65**歳未満で発生する認知症で、アルツハイマー型認知症が最も多く、現役で働いている場合が多いため、**就労支援**が必要である。

Lesson 65 医学的側面からみた認知症の基礎③

近年、認知症に至る前の段階を軽度認知障害(MCI)といい、予防により進行を遅らせたり防いだりすることができるといわれている。

BPSD（認知症の行動・心理症状）である、もの盗られ妄想に対しては、盗られていない事実を伝えていく。

抗認知症薬の副作用には、頭痛、不眠がある。

BPSD（認知症の行動・心理症状）に対する薬の副作用にはパーキンソニズムがある。

認知症の鑑別診断には、頭部CTやMRI検査がある。

問6

リアリティ・オリエンテーションでは、現実の感覚や認識を確認し、見当識に働きかける。

音楽療法は、認知症の初期段階にしか効果がみられない。

回想法では、認知症高齢者が語った回想の内容について、後で正確さを確認することが必要である。

答1 ○

認知症に至る前の段階を軽度認知障害（MCI）といい、運動やトレーニングなどの予防対策を行うことで、進行を遅らせたり防いだりすることができるといわれている。

答2 ×

もの盗られ妄想を含めたBPSDに対しては、本人の不安から生じることが多いので、受容的な態度で接し、一緒に探すといった対応がよい。他に嫉妬妄想などがある。

答3 ×

アルツハイマー型認知症の治療薬であるドネペジル塩酸塩（アリセプトなど）の副作用には、悪心、下痢、食欲低下がある。

答4 ○

BPSDに対する薬物療法で使われる抗精神病薬の副作用には、パーキンソニズムにより身体の動きが鈍くなり、転倒や誤嚥のリスクが高まることがある。

答5 ○

頭部CTやMRI検査は、脳内の出血状況が確認できるため、血管性認知症や慢性硬膜下血腫の鑑別診断ができる。

答6 ○

リアリティ・オリエンテーションとは、現在の日付や場所などを質問することにより、現実の感覚や認識を確認し、見当識に働きかける療法である。

答7 ×

認知症の各段階や状態に合わせた音楽療法を行うこと（音楽を聴いたり、身体を動かしたり、歌ったり）で、それぞれ効果が見込まれる。

答8 ×

回想法では、認知症高齢者の心理的な安定を得ることが重要になるため、回想の内容について、後で正確さを確認する必要はない。

Lesson 66 認知症に伴うこころとからだの変化と生活①

認知症では日常生活に支障が生じ、初期には日常生活動作（ADL）が、中期以降は手段的日常生活動作（IADL）が障害される。

高齢者の自動車運転免許更新は、70歳から認知機能検査が義務づけられた。

問3

認知症の認知機能障害（中核症状）には、妄想、徘徊（はいかい）、異食、抑うつ、失禁などがある。

BPSD（認知症の行動・心理症状）には、睡眠障害も含まれる。

認知症高齢者とのコミュニケーションでは、情報は一度にまとめて伝えるようにする。

認知症高齢者は、同じ話を何度も繰り返すため、介護者は、何度も聞いたことを伝えるようにする。

問7

認知症高齢者が施設に入所する際は、自宅で使用していた物をそばに置くと、自宅を思い出すので置かないようにする。

施設において認知症高齢者に役割を与えることは、ストレスによって認知症を悪化させてしまうことにつながる。

1回目　　／8問　2回目　　／8問

答1 ×
認知症の初期には、買い物、金銭管理などの**手段的日常生活動作**（**IADL**）が、中期以降は、食事、着替えなどの**日常生活動作**（**ADL**）が障害される。

答2 ×
高齢者の自動車運転免許更新は、**75**歳から**認知機能**検査が義務づけられ、70～74歳は高齢者講習が義務づけられた。

答3 ×
問いは**BPSD**（認知症の行動･心理症状）の説明である。認知機能障害（中核症状）には、**記憶**障害、**見当識**障害、失行・失認などがある。

答4 ○
BPSD（認知症の行動・心理症状）には、**妄想**、幻覚、うつ、**昼夜逆転**や**不眠**があり、行動症状には、**徘徊**、攻撃性、叫声、不穏が含まれる。

答5 ×
認知症高齢者とのコミュニケーションでは、高齢者にわかりやすい**なじみのある言葉**を使い、情報は一つひとつ**簡潔**に伝えるようにするとよい。

答6 ×
認知症高齢者は、自分がした話を覚えていないため、同じ話を何度も繰り返すが、介護者は**何度でも**じっくりと**聞く**ようにする。

答7 ×
認知症高齢者が施設に入所する際は、新しい環境に不安を感じるため、**自宅**で使用していた物をそばに置くと**安心**感につながる。

答8 ×
施設において認知症高齢者に**役割**を与えることは、認知症高齢者の生活に**張り**が出て、症状の悪化を抑えることに効果的である。

認知症に伴うこころとからだの変化と生活②

認知症高齢者に失行がみられる場合には、介護者が、さりげなく見本を示すようにする。

見当識障害を評価する質問には、「この図形を写して下さい」がある。

認知症ライフサポートモデルとは、危険から生命を守ることを最も重視している。

認知症の発症リスクを下げるためには、運動や他者との交流の機会を増やす。

パーソン・センタード・ケアは、その人らしさを支えながらケアを行おうとする考え方である。

ユマニチュードとは、知覚や感情などによる包括的コミュニケーションに基づいて実践するケアの技法である。

問7

バリデーションとは、その人を取り巻く様々な人間関係を活用するコミュニケーション技法である。

認知症ケアの「ひもときシート」は、評価的理解、分析的理解、共感的理解の３ステップがある。

答1 ○

認知症高齢者に失行がみられる場合には、介護者が、さりげなく見本を示すようにすると、動作を思い出すことがある。

答2 ×

認知症の中核症状の1つである見当識障害を評価する質問では、「ここはどこですか」や「今は何時頃ですか」といった場所や時間の見当識を確認する。

答3 ×

認知症ライフサポートモデルとは、医療、介護の統合的な生活支援であり、自己決定支援、継続性のある暮らし、自己資源の活用の3つの視点を持つ。

答4 ○

認知症予防には、脳への刺激のために運動習慣を身につけ、他者との交流の機会を増やし、食事をきちんと摂り、達成感を味わうことが大切である。

答5 ○

パーソン・センタード・ケアは、認知症がある人を個人として尊重し、その人の立場に立って考え、その人らしさを支えながらケアを行おうとする考え方である。

答6 ○

ユマニチュードとは、見る、話す、触れる、立つ（立ってもらう）の4つを柱として、知覚や感情による包括的コミュニケーションを実践するケアの技法である。

答7 ×

バリデーションは、すべての行動に意味があると捉え、感情に寄り添い理解しようとするもので、技法の1つにその人の動作に合わせ共感していくカリブレーションがある。

答8 ○

ひもときシートでは、介護者の視点の評価的理解から、背景要因をふまえた分析的理解によって認知症の人の視点へと転換し、さらに共感的理解で思考の展開を図る。

Lesson 67 地域サポート体制と多職種連携

認知症サポーターとは、認知症の初期段階にかかわり、福祉サービスにつなげる役割をもつ人のことである。

認知症初期集中支援チームには、医師が含まれる。

認知症初期集中支援チームは、早期に集中的な治療を行う。

日常生活自立支援事業は、すべての財産管理や身上監護に関する契約等を行う。

2019（令和元）年の認知症施策推進大綱は、2015（平成 27）年の新オレンジプランにはなかった認知症予防の考え方が提示された。

認知症対応型共同生活介護（グループホーム）事業所の共同生活住居の入居定員は、12 人以下としている。

認知症カフェ（オレンジカフェ）は、誰でも利用することができる。

認知症の人の状態に応じた適切なサービス提供の流れを示した手引きを、認知症ケアパスという。

答1 ×
認知症サポーターとは、認知症について**理解**し**応援する人**のことであり、さらにステップアップ講座を受講し、**チームオレンジ**としての活動が期待されている。

答2 ○
認知症初期集中支援チームには、**医師**、看護師、作業療法士などの医療系専門職や**介護福祉士**などの福祉系専門職が含まれる。

答3 ○
認知症初期集中支援チームは、できる限り住み慣れた地域で暮らし続けるために、本人と家族に対して基本的に**在宅**初期対応として、**早期診断**や集中的支援を行う。

答4 ×
日常生活自立支援事業は、電気代、水道代の支払いといった**日常的**な金銭の管理を行い、**成年後見**制度は財産管理を行う。

答5 ○
認知症施策推進大綱は、認知症の人や家族の視点を重視し、**共生と予防**を推進している。特に**本人発信**支援や認知症バリアフリーの推進が含まれる。

答6 ×
認知症対応型共同生活介護事業所の共同生活住居の入居定員は**5**人以上**9**人以下となっている。

答7 ○
認知症カフェ（**オレンジカフェ**）は、「認知症の人と家族、地域住民、専門職等の**誰も**が参加でき、**集う場**」と定義されている。

答8 ○
認知症の人が、それぞれの地域で受けられる医療やケアのサービス提供の**流れ**を示したものを**認知症ケアパス**といい、自治体が手引きやガイドブックとして作成している。

◎重要ポイントを まとめてチェック！

■認知症原因疾患の主な特徴

アルツハイマー型認知症	認知症の中で最も多くを占める。主症状は健忘で、近い記憶から失われる。女性に多い。
血管性認知症	脳梗塞や脳出血などが原因となって起こる。認知スピードや反応が遅くなるが、障害された部位によって現れる症状は異なる。
レビー小体型認知症	リアルな幻視が特徴で、症状の変動、パーキンソニズム、レム睡眠行動障害などが起きる。
前頭側頭型認知症	易怒性や窃盗などの人格障害や反社会的行動がみられやすい。
正常圧水頭症	シャント手術などによって改善がのぞめる。
慢性硬膜下血腫（まんせいこうまくかけっしゅ）	血腫を手術によって除去することによって改善がのぞめる（CT 検査有用）。

■代表的な認知症対策の特徴

認知症施策推進大綱	新オレンジプランの後継として 2019（令和元）年に政府によって取りまとめられた。基本的考え方は、「共生」と「予防」を車の両輪とし、認知症バリアフリーの取り組みを進めるなどの5つの施策から構成されている。
認知症疾患医療センター	都道府県や政令指定都市が指定する病院または診療所に設置されるものであり、認知症の鑑別診断、初期対応、急性期治療への対応、援助方法の相談などを実施している医療機関である。
認知症初期集中支援チーム	複数の専門職が、家族の訴えなどにより認知症が疑われる人や認知症の人、その家族を訪問し、アセスメントや家族支援などの初期支援を包括的かつ集中的に行う。地域支援事業の1つに位置づけられている。
認知症カフェ（オレンジカフェ）	「認知症の人と家族、地域住民、専門職等の誰もが参加でき、集う場」と定義されている。新オレンジプランにおける「認知症の人の介護者への支援」の1つに位置づけられている。

11章 障害の理解

Q&A

この科目では、障害者福祉の理念、いろいろな障害の特徴、障害福祉制度や地域におけるサービスを中心に学習していきます。まずはICF（国際生活機能分類）の概念やノーマライゼーション、リハビリテーションなどの理念を正確に理解しましょう。そして、障害のある人の心理や家族を含めた支援のポイントを確認していくと得点につながります。

Lesson 68 障害の基礎的理解

問1

障害者総合支援法で定める協議会は、専門家のみで構成される。

問2

障害者虐待防止法では、暴言や拒絶的な対応などは、放棄・放置に当てはまる。

問3

障害者虐待防止法では、虐待を発見した際、速やかな通報が義務づけられている。

問4

障害者差別解消法の対象者は、身体障害者手帳を持っている人である。

問5

障害者差別解消法では、国・公共団体・民間事業者の合理的配慮は法的義務である。

問6

ICF（国際生活機能分類）では、生活機能に影響する背景因子として、環境因子と健康状態がある。

問7

ICF（国際生活機能分類）は、ICIDH（国際障害分類）よりも、環境と個人の相互作用を重視したモデルとして提案された。

問8

片麻痺（かたまひ）のある人が旅行に行けないことは、ICF（国際生活機能分類）における活動制限である。

答1 ×

障害者総合支援法で定める協議会は、専門家や当事者、家族を含めたメンバーで、地域の実情に応じた支援体制を協議する。

答2 ×

障害者虐待の類型として、暴言や拒絶的対応、怒鳴ることは心理的虐待であり、著しい減食や長時間の放置は放棄・放置（ネグレクト）に含まれる。

答3 ○

障害者虐待防止法では、虐待を受けたと思われる障害者を発見した者に対して、速やかな通報を義務づけている。

答4 ×

2016（平成28）年に施行された障害者差別解消法は全ての障害者を対象としており、共生社会の実現を目指している。

答5 ○

民間事業者は2021(令和3)年5月成立の改正法により、努力義務から義務となった（2024〔令和6〕年4月に施行)。

答6 ×

ICF（国際生活機能分類）では、生活機能に影響する背景因子として、環境因子と個人因子がある。健康状態は背景因子ではないが、生活機能に影響を与える。

答7 ○

ICIDHは、障害を機能障害、能力障害、社会的不利と分類し、一方向に進む因果関係で考えるが、ICFはお互いに影響を及ぼし合う相互作用・関係で捉える。

答8 ×

片麻痺のある人が旅行に行けないことは、活動制限というよりも、周囲の配慮や環境の整備に関する参加制約といえる。

Lesson 69 障害者福祉の基本理念

リハビリテーションとは、機能回復訓練のみを意味していない。

障害者の権利に関する条約は、障害者が作成の段階から関わり、意見が反映されている。

バンク-ミケルセン（Bank-Mikkelsen, N.E.）は、ノーマライゼーションについての８つの原理を提唱した。

ノーマライゼーションの考え方では、障害者が健常者の社会や環境に合わせることを求めている。

アメリカの自立生活運動（IL 運動）では、自分の人生を自己決定できる社会の実現を目指している。

ソーシャルインクルージョンの理念とは、障害のある人もない人も、自分で意思決定できる社会を目指すことである。

エンパワメントとは、障害者も非障害者も区別をしないシステムのことである。

ストレングスとは、本人の持っている強みや能力のことである。

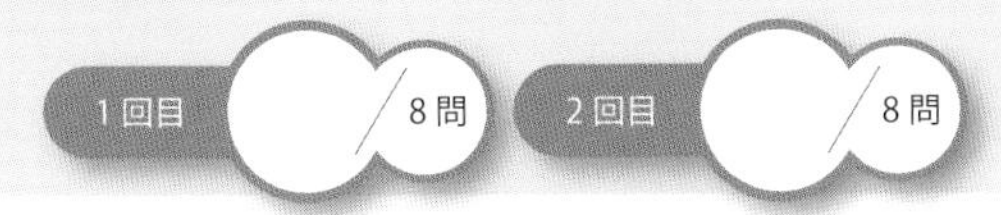

答1 ○

リハビリテーションとは、全人間的復権を意味し、医学的・社会的・教育的・職業的リハビリテーションの4つの領域がある。

答2 ○

障害者の権利に関する条約は、「Nothing about us without us」（私たち抜きに私たちのことを決めるな）というスローガンのもと作成された。

答3 ×

ニィリエ（Nirje, B.）は、デンマークのバンク-ミケルセンの理念を原理とし、ノーマライゼーションについての8つの原理を提唱した。

答4 ×

ノーマライゼーションの考え方では、障害者が健常者の社会や環境に合わせるのではなく、社会や環境が変わることを求めている。

答5 ○

自立生活運動（IL運動）は、重度の障害があっても、自分の人生を自立して生きることができる社会の実現を目指している。

答6 ×

ソーシャルインクルージョンとは、すべての人を社会の構成員として包み込み、共に支え合うという理念である。

答7 ×

エンパワメントとは、何らかの原因で失ってしまった主体性や能力を取り戻し、可能な限り自分自身で解決していく力を強めることである。

答8 ○

利用者本人の持っているストレングス（強みや能力）を見出すことは、自立支援の可能性を広げることになる。

Lesson 70 障害のある人の心理①

上田敏の障害の受容過程には、一般的にショック期、混乱期、受容期の3段階がある。

一般的な障害の受容過程は明らかにされているも、個別性はある。

障害受容の否認期は、防衛反応が働く段階である。

利用者が障害を受け止められず感情的になっているときには、近寄らない方がよい。

障害受容の過程の受容期は、受傷直後や術後の初期段階を指す。

障害受容は、障害が重いほど難しい。

価値観を変化させることで心理的な傷が小さくなるように、価値転換説を提唱したのは、ライト（Wright, B.A.）である。

ライト（Wright, B.A.）の価値転換説では、残存機能や現状での可能性を高めることの必要性を示唆している。

答1 ×

障害の受容過程には、衝撃を受ける**ショック期**、回復を期待する**否認期**、混乱と苦悩の**混乱期**、価値観が転換し始める**努力期**、受け止めていく**受容期**の５段階がある。

答2 ○

障害を受容するまでの過程は個別性があり、一度越えたと思われた段階から**逆戻り**することもあり、**一進一退**を繰り返しながら進む。

答3 ○

障害受容の否認期には、何かの間違いではないかと考えることで障害の事実を認めようとしない**防衛反応**が働く。

答4 ×

障害を受け止められず感情をぶつけてくる場合は、利用者が自分の**できている**ことに目を向けられるよう支援する。

答5 ×

ショック期の説明である。**受容**期は、障害受容の過程の第５段階であり、障害を受け入れ、**積極的**な生活態度になる段階を指す。

答6 ×

障害の受容の仕方は、障害の原因、発生年齢などによって異なり、個々の**価値観**や**人生観**にも左右されるため、必ずしも障害が**重い**ほど受容が**困難**であるとはいえない。

答7 ○

ライトは、障害者の心理的な損失を小さくするために、**価値転換説**を提唱した。

答8 ○

ライトの価値転換説では、失われた機能について悩むことより、**残存機能**や現状での**可能性**を高めることの必要性を示唆している。

Lesson 70 障害のある人の心理②

適応機制とは、自我が傷つかないようにしようとする意識的な心の働きのことをいう。

適応機制における「抑圧」では、自分に都合のよい理屈をつけ、自分の考えや行動を正当化しようとする。

適応機制における「反動形成」では、自分の本当の欲求とは正反対の行動をとる。

適応機制における「昇華」では、自分の願望を実現している他者をまねる。

適応機制のうち、すぐに実現できない、もしくは実現不可能な欲求を、価値ある行為に置き換えようとするものは「退行」に該当する。

障害者の心理を理解するには、対象者に寄り添い、個人的に親密になることが必要である。

中途障害者は、先天性障害者に比べて障害の受容が困難である。

心的外傷後ストレス障害（PTSD）とは、恐ろしい体験をして心に傷（トラウマ）を負った後に起きる後遺症の総称である。

答1 ×

適応機制は、**自我**が傷つかないようにしようとする**無意識的**な心の働きで、**防衛機制**ともいう。

答2 ×

合理化の説明である。抑圧とは、認めたくない欲求を**意識**しないように、**無意識**の領域に抑えつけてしまう機制である。

答3 ○

反動形成とは、自分の本当の欲求とは**正反対**の行動をとり、本当の自分を隠そうとする機制である。

答4 ×

同一化の説明である。昇華とは、充足されない非社会的な欲求を**解消**するために、社会的に認められている高次的な行動をとるという機制である。

答5 ×

昇華の説明である。退行とは、甘えるなどの**未熟**な行動をとって、より以前の発達段階に逆戻りするという機制である。

答6 ×

障害者の心理を理解するには、対象者に寄り添い、批判をせずに**傾聴**することなどによって**信頼関係**を築くことが大切であるが、個人的に親密になる必要**はない**。

答7 ○

人生の途中で障害を負った人のことを**中途障害者**という。先天性障害者に比べて障害の受容が**困難**である。

答8 ○

心的外傷後ストレス障害（**PTSD**）とは、極端なストレスを体験した後で、その出来事の記憶が**繰り返し**思い出され強い恐怖を感じることである。

Lesson 71 運動機能障害の理解①

両下肢に麻痺が現れるものを、対麻痺（ついまひ）という。

四肢麻痺（ししまひ）は、頸髄損傷（けいずいそんしょう）によって起こる。

脳血管障害の片麻痺（かたまひ）は、発症した部位と反対側に生じる。

脳血管疾患の後遺症による麻痺の程度は、一般的に、運動機能が複雑でない下肢の方が、上肢よりも重くなることが多い。

脳血管疾患による右片麻痺患者は、言語中枢が右脳にあるため、失語症を伴うことは少ない。

脳血管疾患による左片麻痺患者は、半側空間無視、着衣失行、観念失行を伴うことが多い。

脳血管障害の後遺症から誤嚥（ごえん）、便秘、失禁が起こりやすい。

てんかんの発作は、過労や睡眠不足によって誘発され、意識障害を必ず伴う。

答1 ○

対麻痺とは、両下肢に麻痺が現れるものをいい、胸髄損傷、腰髄損傷で起きる。坐骨結節部に褥瘡が生じやすい。

答2 ○

四肢麻痺とは、左右の上下肢に麻痺が現れるもので、頸髄損傷によって起こる。

答3 ○

脳血管障害は、発症した部位と反対側に片麻痺が生じるため、左脳に発症した場合は右片麻痺が生じ、右脳に発症した場合は左片麻痺が生じる。

答4 ×

脳血管疾患の後遺症による麻痺の程度は、一般的に、運動機能が複雑な上肢の方が、運動機能が複雑でない下肢よりも重くなることが多い。

答5 ×

脳血管疾患による右片麻痺患者は、言語中枢が左脳にあるため、失語症を伴うことが多い。また、右片麻痺の多くは、利き手の麻痺で不自由を感じやすい。

答6 ○

左片麻痺では、左側の空間を無視する半側空間無視、衣服の着方がわからない着衣失行、簡単な目的動作が行えない観念失行を伴うことが多い。

答7 ○

脳血管障害では、体幹の片側も機能低下が生じるため、誤嚥、便秘、失禁が起こりやすくなる。

答8 ×

てんかんの発作には、意識障害を伴わない発作もある。過労や睡眠不足によって誘発され、意識障害を伴う全般発作と、意識障害を伴うことが少ない部分発作がある。

Lesson 71 運動機能障害の理解②

片麻痺は主に脳血管疾患、対麻痺は主に頸髄損傷によって起こる。

脊髄損傷では、損傷部位よりも下にある感覚神経や運動神経が麻痺する。

脊髄損傷の場合、第２頸髄以下の損傷では、車いすの使用によって日常生活が自立する可能性がある。

脊髄損傷では、痛みや温度感覚が失われることもあるため、低温熱傷や擦過傷等に注意する。

頸髄損傷では、体温が異常に低下するうつ熱を起こしやすい。

腰髄損傷の場合、座位バランスは安定する。

脳性麻痺は、出生の前後に何らかの原因で受けた脳の障害によって生じる進行性の運動麻痺である。

脳性麻痺は、重度の知的障害を伴う。

答1 ×

麻痺は原因によって現れ方が異なり、**脳血管疾患**の場合には片麻痺、**胸髄・腰髄損傷**の場合には対麻痺が起こる。

答2 ○

脊髄損傷では、損傷部位よりも**下**にある感覚神経や運動神経が**麻痺**する。損傷部位によって**麻痺**する部位も異なる。

答3 ×

脊髄損傷の場合、車いすの使用によって日常生活が自立する可能性があるのは、**プッシュアップ**が可能となる**第7頸髄**以下の損傷である。

答4 ○

脊髄損傷の場合、損傷部位によって障害の程度が異なるが、**痛み**や**温度感覚**が失われることがあるため、低温熱傷や擦過傷等に注意する。

答5 ×

頸髄損傷では、体温調節機能の障害を伴うため、麻痺部分に**発汗**がなくなり、体温が異常に**上昇**するうつ熱を起こしやすい。

答6 ○

腰髄損傷は対麻痺（両下肢麻痺）となるが、座位バランスは**安定**する。損傷レベルで異なるが、短下肢装具と杖により**歩行**も可能である。

答7 ×

脳性麻痺は、**非進行性**で悪化することはないが、成長に伴い障害の状態は変化する。痙直型や不随意運動（アテトーゼ）型などに分類される。

答8 ×

脳性麻痺は型（タイプ）によって症状は異なり、アテトーゼ型や運動失調は、知的障害を**伴わない**。

Lesson 72 視覚障害の理解

白内障は、加齢に伴う水晶体の白濁により徐々に視力が低下するもので、早い人では40歳代から起こる。

緑内障は、何らかの原因で眼圧が低下し、視野狭窄や視力低下を起こす疾患である。

視野狭窄とは、視野が狭くなるもので、求心性狭窄と不規則性狭窄がある。

加齢黄斑変性症は、網膜の中心にある黄斑に病変が起こるもので、進行すると視野の中心部がゆがんで見えるようになる。

網膜色素変性症は、夜盲という症状が特徴的である。

糖尿病性網膜症とは、網膜の血管に異常をきたす病気である。

同行援護とは、視覚障害者の外出時の支援を行う。

身体障害者福祉法に規定されている視覚障害の障害程度等級は、視力のみによって認定される。

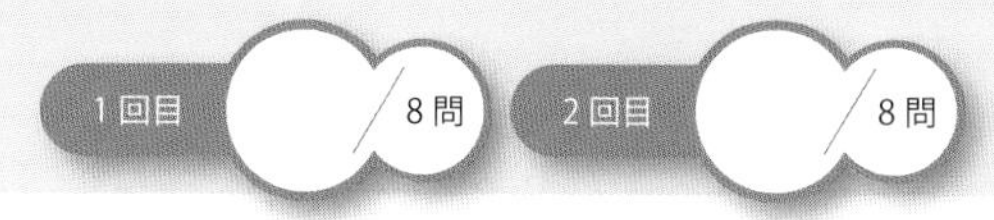

答1 ○

白内障は、早い人では40歳代から、80歳以上では大部分の人に起こるとされているが、手術によって改善する可能性がある。

答2 ×

緑内障は、何らかの原因で眼圧が上昇し、神経が圧迫されて視野狭窄や視力低下を起こす疾患である。失明に至ることもあるため注意が必要である。

答3 ○

視野狭窄とは、視野が狭くなるもので、中心ではなく周辺が見えなくなる求心性狭窄と、視野の一部が不規則に狭くなる不規則性狭窄がある。

答4 ×

加齢黄斑変性症は網膜の中心にある黄斑に病変が起こるもので、初期には視野のゆがみが生じる。進行すると中心部は見えなくなり（中心暗点）、視力の低下が起こる。

答5 ○

網膜色素変性症は、網膜の視細胞の変性が原因で起こり、暗い所や夜、見えにくいという夜盲が起きる。

答6 ○

糖尿病性網膜症とは糖尿病の合併症で、高血糖により網膜の血管に異常をきたす病気である。糖尿病の合併症では他に、足の動脈硬化から壊疽（えそ）を起こすこともある。

答7 ○

同行援護は障害者総合支援法に基づき、視覚障害のある人の外出に同行し、必要な情報の提供や介護援助を行うサービスのことである。

答8 ×

視覚障害の障害程度等級は、静止した対象について測定する視力と、眼球を動かさずに見える範囲の視野の2つの面から認定される。

Lesson 73 聴覚・言語、内部障害の理解

失語症とは、発声や発音を行う筋力の損傷のために言語能力が失われた状態をいう。

構音障害とは、特定の語音を正しく発音できない状態である。

感覚性失語症（ウェルニッケ失語）は、話の内容は理解できるのに、発語が困難になる。

運動性失語症（ブローカ失語）は、話の内容は理解できないが、発語は流暢にできる。

聴覚障害には、伝音性難聴、感音性難聴、混合性難聴の３種類がある。

内部障害には、心臓機能障害、腎臓機能障害、呼吸器機能障害、膀胱(ぼうこう)・直腸機能障害、小腸機能障害、肝臓機能障害の６つがある。

人工透析は体内の老廃物などを人工的に排出するもので、血液透析と腹膜透析があり、血液透析は在宅で行うことが可能である。

ストーマは、人工的に腹部に造設された尿や便の排泄口(はいせつこう)で、尿路ストーマと消化管ストーマがある。

答1 ×

言語障害のうち、失語症とは、脳の言語領域の損傷のために、いったん獲得した言語能力が失われた状態で、原因としては脳腫瘍や脳血管疾患等がある。

答2 ○

言語障害のうち構音障害とは、言語の発声に必要な器官の運動機能低下や麻痺（まひ）などのために、特定の語音を正しく発音できない状態である。

答3 ×

感覚性失語症（ウェルニッケ失語）とは、言語を理解する働きをする感覚性言語中枢が障害を受け、話の内容は理解できないが、発語は流暢にできる。

答4 ×

運動性失語症（ブローカ失語）とは、話す言葉を調整している運動性言語中枢が障害を受け、話の内容は理解できても発語が困難となる。

答5 ○

聴覚障害には、伝音器に障害がある伝音性難聴、感音器に障害がある感音性難聴、伝音器と感音器に障害がある混合性難聴の3種類がある。

答6 ×

内部障害には、心臓・腎臓・呼吸器・膀胱または直腸・小腸・肝臓の機能障害のほか、ヒト免疫不全ウイルス（HIV）による免疫機能障害の7つが含まれる。

答7 ×

人工透析には血液透析と腹膜透析があり、腹膜透析には在宅で行う在宅自己腹膜灌流法がある。在宅で行えるので、血液透析より負担が軽減される。

答8 ○

人工的に腹部に造設された尿や便の排泄口をストーマといい、尿路ストーマ（人工膀胱（じんこうぼうこう）の排泄口）と、消化管ストーマ（回腸ストーマ、結腸ストーマなど）がある。

Lesson 74 知的障害の理解

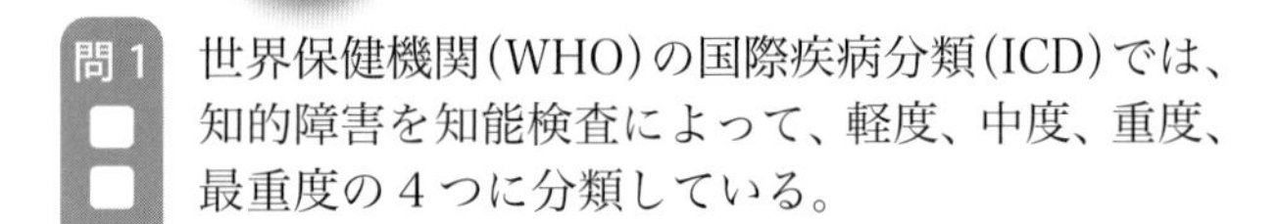

世界保健機関（WHO）の国際疾病分類（ICD）では、知的障害を知能検査によって、軽度、中度、重度、最重度の4つに分類している。

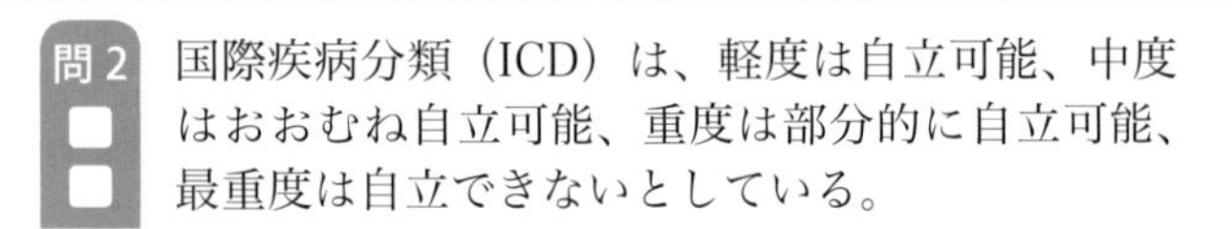

国際疾病分類（ICD）は、軽度は自立可能、中度はおおむね自立可能、重度は部分的に自立可能、最重度は自立できないとしている。

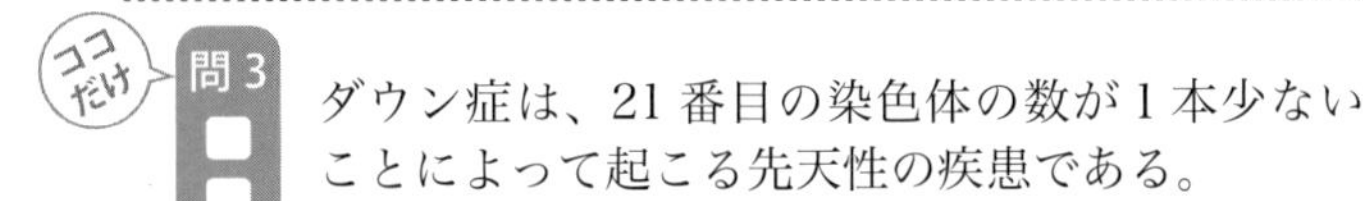

ダウン症は、21番目の染色体の数が1本少ないことによって起こる先天性の疾患である。

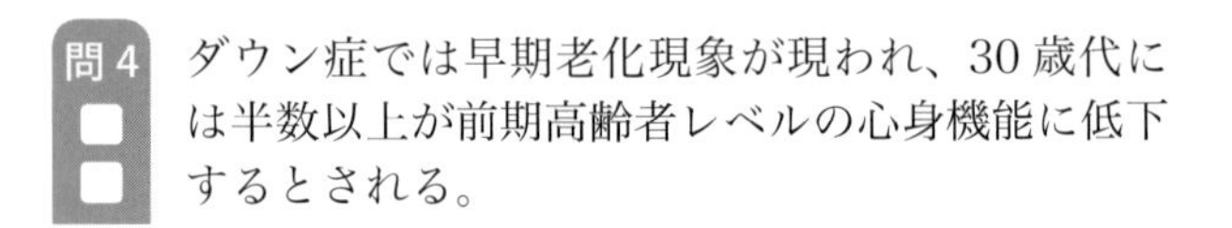

ダウン症では早期老化現象が現われ、30歳代には半数以上が前期高齢者レベルの心身機能に低下するとされる。

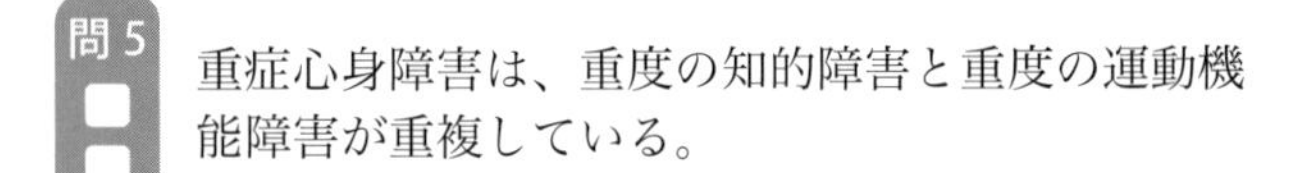

重症心身障害は、重度の知的障害と重度の運動機能障害が重複している。

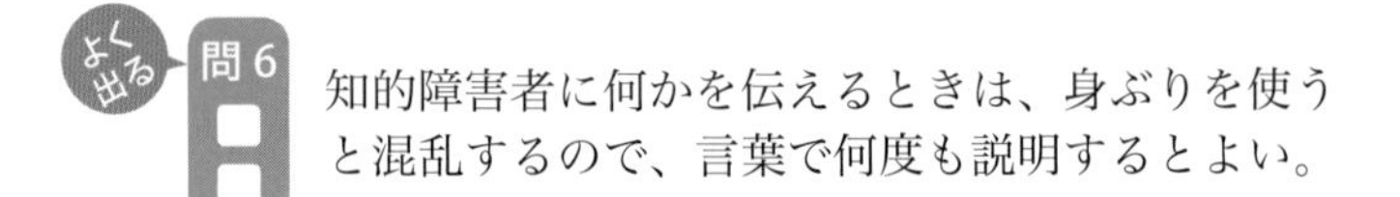

知的障害者に何かを伝えるときは、身ぶりを使うと混乱するので、言葉で何度も説明するとよい。

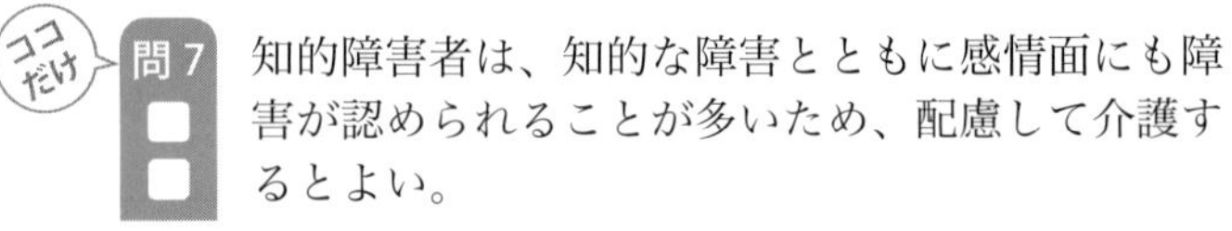

知的障害者は、知的な障害とともに感情面にも障害が認められることが多いため、配慮して介護するとよい。

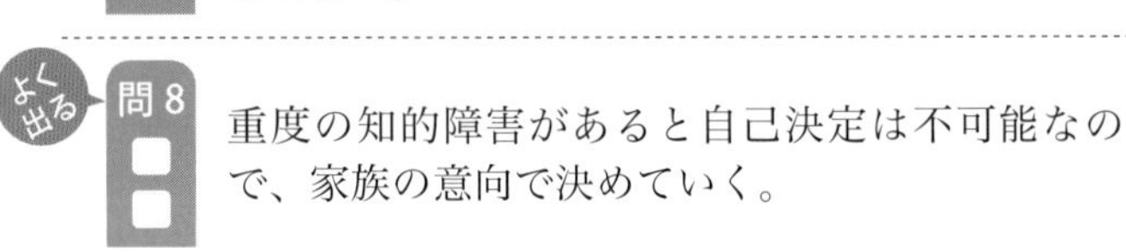

重度の知的障害があると自己決定は不可能なので、家族の意向で決めていく。

答1 ○

知的障害を知能検査によって、**軽度**（IQ69 ～ 50）、**中度**（IQ49 ～ 35）、**重度**（IQ34 ～ 20）、**最重度**（IQ20未満）に分類している。

答2 ○

国際疾病分類（ICD）は、**自立可能**なものは軽度、**おおむね**自立可能なものは中度、**部分的**に自立可能なものは重度、自立**できない**ものは最重度としている。

答3 ×

ダウン症は、21 番目の**染色体**の数が 1 本**多い**ことによって起こる**先天性**の疾患で、心臓の奇形や内臓の機能等に発達異常があることが多い。

答4 ×

ダウン症の特徴として**早期老化現象**があり、30 歳代で約 **3** 割、40 歳代で約 **8** 割、50 歳代ではほぼ全員が、**前期高齢者**レベルの心身機能に低下するとされる。

答5 ○

重症心身障害とは、何らかの病気によって重度の**知的**障害と重度の**運動機能**障害が重複している状態をいう。

答6 ×

知的障害者に何かを伝えたり説明したりするときは、**言葉**だけでなく、**身ぶり**や絵などを用いるとよい。

答7 ×

知的障害者は、知的な障害があっても、泣く、怒る、笑うなどの**感情**面には障害が認められない。

答8 ×

重度の知的障害があっても自己決定を尊重するため、本人の意思確認を重視する。厚生労働省の「**意思決定支援ガイドライン**」に明記されている。

Lesson 75 精神障害の理解①

精神障害のある人への支援は、支援者が代わりとなって物事を行う方がいい。

統合失調症の症状には、陽性症状と陰性症状がある。

統合失調症の特徴的な症状には、幻覚、妄想がある。

双極性障害は、うつ状態と正常な状態が繰り返される。

神経症は、身体的な原因のない心身の機能障害で、パニック障害（不安神経症）などがある。

対人恐怖症とは、無意味と理解しながらも、ある考えや行動が支配的になって制御できなくなることである。

長年にわたるアルコールの大量摂取のために発症する精神障害を、アルコール精神病という。

中毒性精神障害には、アルコール依存症のほかに、有機溶剤依存、覚せい剤依存、マリファナ（大麻）依存などがある。

答1 ×

精神障害のある人への支援は、本人の希望や長所に着目し、**自分自身**で物事を決め、実行できるようにかかわり、**信頼**関係を築くことが大切である。

答2 ○

統合失調症の症状には、幻覚、**妄想**、異常な行動などが生じる**陽性症状**と、感情鈍麻、意欲の低下、集中力の低下、無関心などが生じる**陰性症状**がある。

答3 ○

統合失調症の代表的な陽性症状として、**幻覚**、**妄想**がある。幻覚のうち、幻聴が多くみられる。

答4 ×

双極性障害とは、気分（感情）障害の１つで、**うつ状態**と**躁状態**が繰り返される。

答5 ○

身体的な原因のない心身の機能障害である**神経症**には、漠然とした不安に支配される**パニック**障害（**不安神経症**）がある。

答6 ×

人とのかかわりに極端に恐怖を抱くのが**対人恐怖症**で、無意味と理解しつつも、ある考えや行動が支配的になって制御できなくなるのは、**強迫神経症**である。

答7 ○

アルコール精神病は**アルコール依存症**を基礎疾患として発症する精神病で、コルサコフ精神病、アルコール性**認知症**などがある。

答8 ○

中毒性精神障害を引き起こす原因物質には、アルコールのほかに、**有機溶剤**、**覚せい剤**、**マリファナ**（**大麻**）などがある。

Lesson 75 精神障害の理解②

幻覚とは、現実にそこに存在する対象物を、元とは違ったかたちで誤って知覚することである。

妄想とは、考える内容が間違っているにもかかわらず、現実であると病的に確信して疑わないことである。

自分の財布などを誰かが盗んだと思い込むことを「物盗られ妄想」といい、程度の差はあれ高齢になると誰にでもみられることである。

感情失禁とは、喜怒哀楽などの感情を感じられなくなった状態をいう。

感情鈍麻とは、感情が平板化して外部に表出されないことである。

うつ状態では、抑うつ気分が強く、自殺企図や自殺念慮などの症状を示すことがある。

老年期うつ病では、気分の落ち込みよりも不安や緊張が目立ち、心気的な訴えが多くなる。

老年期うつ病では、周囲からの励ましの言葉が、元気を与えることになる。

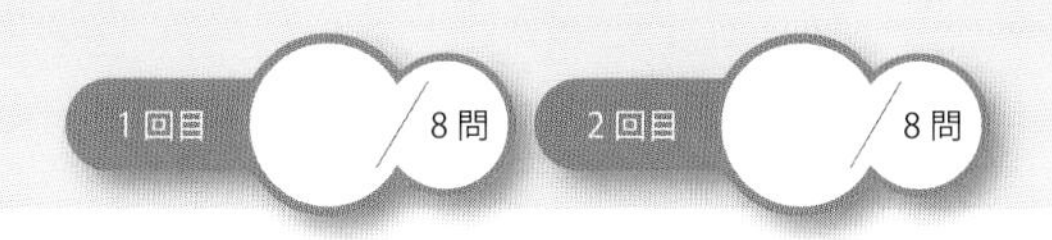

答1 ×

錯覚の説明である。幻覚とは、現実には存在しない対象物を、実際に存在していると知覚することである。

答2 ○

考える内容が間違っているにもかかわらず、現実であると病的に確信して疑わないことを、妄想という。

答3 ×

自分の財布や預金通帳などを誰かが盗んだと思い込む「物盗られ妄想」は、高齢になると誰にでも起こることではなく、認知症の人に多くみられるものである。

答4 ×

感情失禁とは、感情の抑制ができなくなり、ささいな刺激で泣いたり怒ったりする状態をいう。血管性認知症の患者にみられることが多い。

答5 ○

周囲に無関心となり、感情が平板化して外部に表出されないことを感情鈍麻という。統合失調症で多くみられる陰性症状である。

答6 ○

うつ状態では、抑うつ気分が強く、自殺を企図する自殺企図や、自殺を考える自殺念慮などの症状を示すことがある。

答7 ○

老年期うつ病では、気分の落ち込みよりも不安や緊張が目立つ。心気的な訴えが多くなり、自律神経症状（めまい、しびれ、排尿障害、便秘など）がみられる。

答8 ×

老年期に限らずうつ病では、「頑張って」という周囲からの励ましの言葉が、かえって負担を与えることになるため、禁忌である。

Lesson 76 発達障害の理解

発達障害は、発達障害者支援法において、脳機能の障害が通常低年齢で発現するものと規定されている。

障害者基本法改正によって、発達障害者も支援の対象となった。

放課後等デイサービスは、発達障害児が就学後に通い、生活力の向上を目指す。

自閉症スペクトラム障害（ASD）は、社会性の障害、コミュニケーションの障害、知的障害の3つを併せ持つ障害である。

注意欠陥多動性障害（AD/HD）は、不注意、多動性、衝動性などの症状が特徴で、知的障害を伴う。

学習障害（LD）は、話す、聞く、読む、書く、計算するなどの特定の学習能力に障害がある。

発達障害は外見から判断しやすいため、いじめの対象になりやすい。

発達障害は幼少期から症状がみられ、12 歳までに診断されるものをいう。

1回目 ／8問　2回目 ／8問

答1 ○
脳機能の障害であって通常低年齢で発現するものとして発達障害者支援法に規定されているのは、発達障害である。

答2 ○
2010（平成22）年の障害者自立支援法（現・障害者総合支援法）改正、2011（平成23）年の障害者基本法改正により、発達障害者が精神障害者枠に含まれ、支援の対象となった。

答3 ○
障害児通所支援には、就学前の子どもが通う児童発達支援と、就学後に通う放課後等デイサービスがある。居場所づくりと自立支援や日常生活の充実を目指す。

答4 ×
自閉症スペクトラム障害（ASD）の特徴は、社会性の障害、コミュニケーションの障害などである。必ずしも知的障害を併せ持つものではない。

答5 ×
注意欠陥多動性障害（AD/HD）は、不注意、多動性、衝動性などの症状が特徴で、知的障害を伴うことはない。

答6 ○
話す、聞く、読む、書く、計算するなどの特定の学習能力に障害があるものは、学習障害（LD）である。

答7 ×
発達障害は外見から判断することが難しいため誤解されやすく、それがいじめなどにつながりやすい。

答8 ×
発達障害は幼少期から症状がみられ、多くは幼少時に診断されるが、大人になってから診断されるものも少なくない。

Lesson 77 高次脳機能障害の理解

高次脳機能障害では、日常生活に支障を来すような記憶障害が起こりやすい。

高次脳機能障害における遂行機能障害では、一度に２つ以上のことができない。

高次脳機能障害における社会的行動障害では、欲求や感情コントロールの低下が起こりやすい。

失認は、簡単な動作がうまくできなくなる状態である。

半側空間無視は、片側が見えなくなる半盲と同じ状態である。

半側空間無視の人が片側に食事を残したら、介護者が食事介助を行う。

注意障害は、何かに取り組んでも疲れやすくなる特徴がある。

遂行機能障害の場合、人に指示されても何もできない。

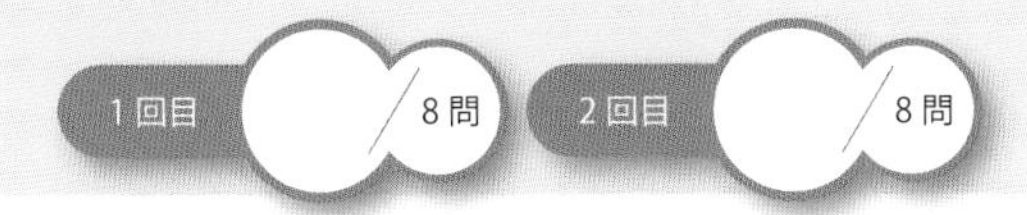

答1 ○
脳の認識機能に関する部位が損傷を受けたことによって、日常生活に支障を来すような記憶障害などが起こることを、**高次脳機能障害**という。

答2 ×
高次脳機能障害における**遂行機能障害**では、自分の意思では物事を最後まで終えることができない。一度に２つ以上のことができないのは**注意障害**である。

答3 ○
高次脳機能障害における**社会的行動障害**では、１つのことにこだわったり、欲求や感情をコントロールできなくなって、相手への配慮が困難になったりする。

答4 ×
簡単な動作がうまくできなくなるのは**失行**である。失認には、顔が認識できなくなる**相貌失認**（そうぼうしつにん）があり、家族の顔も見分けがつかない。

答5 ×
半側空間無視は片側が見えていても**認識**できない状態で、**半盲**は視野が欠損していて見えない状態である。

答6 ×
半側空間無視の人は、片側の食事を**認識**できない状態であるが、「こちら側にも食事はありますよ」と意識を向ける声かけによって、**自分で**食べることができる。

答7 ○
高次脳機能障害の注意障害は、注意を**持続**することが難しく、**ミス**が多くなったり、何かに取り組んでも**疲れやすく**なる。

答8 ×
遂行機能障害は、自分で**計画**を立てて実行することはできないが、人に**指示**されるとできる。

Lesson 78 難病の理解①

パーキンソン病には、重症度分類としてヤール（Yahr）の分類があり、軽い順にステージ5～ステージ1に分類されている。

パーキンソン病の4大症状は、振戦、無動、固縮、認知機能障害である。

パーキンソン病の症状には、小刻み歩行やすくみ足などがある。

パーキンソン病の症状には、咀嚼や嚥下機能の低下がある。

脊髄小脳変性症の運動失調とは、歩行障害や構音障害をいう。

脊髄小脳変性症では、転倒の危険性があるため、ベッド上で安静にする。

進行性筋ジストロフィーは、徐々に筋力が低下する遺伝性の疾患である。

重症筋無力症は自己免疫疾患の一種で、骨格筋を繰り返し使わないと筋力が低下する。

答1 ×
パーキンソン病の重症度分類としてホーエン・ヤール（Hoehn-Yahr）の分類があり、軽い順にステージ1～ステージ5に分類されている。

答2 ×
4大症状として、手足がふるえる（振戦）、動きが遅くなる（無動）、筋肉が硬くなる（固縮）、体のバランスが悪く立位で重心が傾く（姿勢反射障害）、がある。

答3 ○
パーキンソン病の症状には、一歩一歩が小股になる小刻み歩行や、歩こうとしても足が動かなくなるすくみ足などがある。

答4 ○
パーキンソン病は神経伝達物質のドーパミンの減少で起き、咀嚼機能や嚥下機能の低下がみられる。

答5 ○
脊髄小脳変性症の運動失調とは、歩行時のふらつきや手指の動かしにくさ、話すときに口や舌がもつれる構音障害をいう。

答6 ×
脊髄小脳変性症の主症状として小脳性運動失調がみられるため、運動能力を維持するリハビリテーションや環境整備により、日常生活動作（ADL）の維持に努める。

答7 ○
進行性筋ジストロフィーは筋線維に変性が生じ、徐々に筋力が低下し続ける遺伝性の疾患である。デュシェンヌ型は、原則として男子のみに症状が現れる。

答8 ×
重症筋無力症は、自己免疫疾患の一種で、骨格筋を繰り返し使うと筋力が低下し、朝は症状が軽く、夕方には症状が増悪する傾向がみられる。

Lesson 78 難病の理解②

問1
筋萎縮性側索硬化症（ALS）は、症状は進行性で、痛みなどの知覚や記憶力も失う。

問2
筋萎縮性側索硬化症（ALS）は、四肢筋肉の運動機能障害が主な症状で、可逆的な筋肉の萎縮が生じる。

問3
悪性関節リウマチとは、関節リウマチの症状が重症化したものをいう。

問4
脊柱管狭窄症は腰椎に多く起こり、特徴的な症状として間欠性跛行がみられる。

問5
全身性エリテマトーデス（SLE）の主な症状は、顔面の蝶形紅斑や関節炎等で、男性に発症者が多い。

問6
多発性硬化症は自己免疫疾患の一種で、視力低下、四肢の運動麻痺、歩行障害、排尿障害などがみられる。

問7
ベーチェット病は、口腔内アフタを主な症状とする原因不明の全身性疾患である。

問8
後縦靭帯骨化症は60歳以上の女性に多く、後縦靭帯が骨化し、神経が圧迫されて知覚障害や運動障害が起こる。

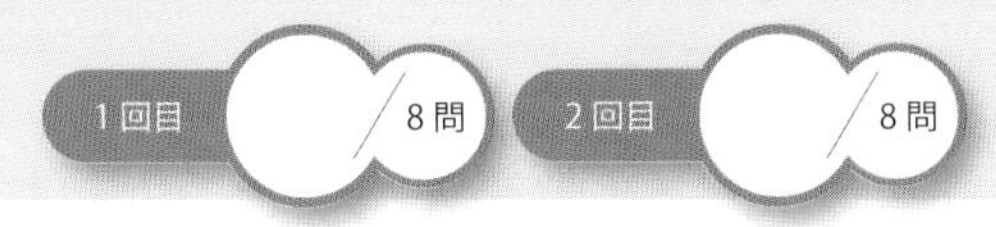

答1 ×

筋萎縮性側索硬化症（ALS）の場合、症状は**進行**性であり、数年で四肢麻痺、摂食障害、呼吸麻痺になるが、**痛みの感覚**や**記憶力**は維持される傾向にある。

答2 ×

四肢筋肉の運動機能障害が主な症状の**筋萎縮性側索硬化症**（**ALS**）は、上肢の筋萎縮から始まることが多く、**非可逆的**な筋肉の萎縮が生じる。

答3 ×

悪性関節リウマチとは、関節リウマチの症状だけでなく、**血管炎**や内臓障害といった**関節以外**の重篤な症状を伴う病気である。

答4 ○

脊柱管が狭くなって脊髄や神経根が圧迫される**脊柱管狭窄症**では、しばらく歩くと**下肢**に痛みやしびれが生じるが少し休むとまた歩けるようになる**間欠性跛行**がみられる。

答5 ×

顔面の蝶形紅斑、関節炎、全身倦怠感、発熱、腎障害等が主な症状の**全身性エリテマトーデス**（**SLE**）は、20～30代の若い**女性**に発症者が多い。

答6 ○

多発性硬化症は自己免疫疾患の一種で、**視力**低下、四肢の**運動**麻痺、**歩行**障害、**排尿**障害を呈する。ステロイド療法やインターフェロンβが有効である。

答7 ○

口腔内アフタを主な症状とする**ベーチェット病**は、**原因不明**の**全身性**疾患で、他の症状には皮膚症状、眼症状、外陰部潰瘍などがある。

答8 ×

後縦靭帯骨化症は、後縦靭帯が骨化して神経が圧迫され、知覚障害や運動障害が起こる疾患で、**40**歳以上の**男性**に多い。

Lesson 79 障害に伴う日常生活上の注意

問1 心臓ペースメーカーを使用している人の定期受診は、1年に1回必要であるが、異常が現われたときは早めに受診する。

問2 心臓機能障害のある人には、呼吸器感染のリスクがあるため、外出を控えるよう指導する。

問3 上肢リンパ浮腫がある場合、体重増加を防ぐように努める。

問4 呼吸機能障害のある人は、かぶり式よりも前開きの衣服を着用するとよい。

問5 在宅酸素療法は、慢性閉塞性肺疾患（COPD）の患者が利用していることが多い。

問6 慢性閉塞性肺疾患（COPD）がある者が立ち上がるときには、息を止めるようにする。

問7 オストメイトマークは、ストーマケアのできる多機能トイレに表示している。

問8 関節リウマチの人には、日常生活上で関節を動かすことを勧める。

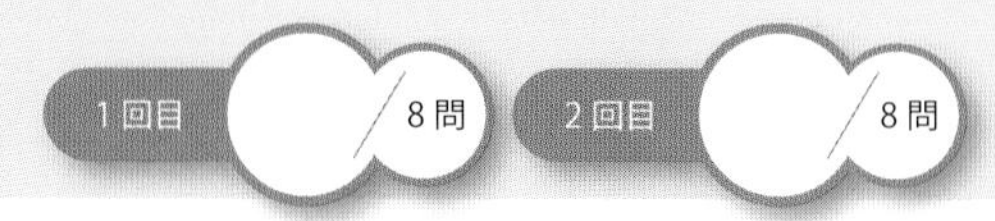

答1 ×

心臓ペースメーカーを使用している人の定期受診は、3～6か月に1回必要で、めまい、動悸(どうき)、湿疹(しっしん)などの異常が現われたときは、定期受診を待たずに早めに受診する。

答2 ×

心臓機能障害があっても、感染防止の留意事項を守ることで、外出は**可能**である。活動制限は精神的ストレスとなるため、障害と上手に付き合う支援も大切である。

答3 ○

上肢リンパ浮腫は、体重の**増加**により、皮下脂肪が体表の**リンパ管**を圧迫し、**リンパ**の流れを悪くしてしまうため、体重**増加**を防ぐように努める。

答4 ○

かぶり式の衣服は腕を肩より上に上げる際に腹部を**圧迫**して呼吸が苦しくなるため、呼吸機能障害のある人は、**前開き**で、収縮性のある衣服を着用するとよい。

答5 ○

在宅酸素療法は、**慢性閉塞性肺疾患**（**COPD**）の患者が利用していることが多く、これにより外出も可能になった。

答6 ×

慢性閉塞性肺疾患（COPD）がある者が立ち上がり時に息を止めると、呼吸が**苦しく**なるため、**口すぼめ**呼吸を取り入れることによって、息苦しさが緩和される。

答7 ○

オストメイトとは、人工肛門(じんこうこうもん)や人工膀胱(じんこうぼうこう)といったストーマを造設している人のことで、オストメイト対応の多機能トイレには**オストメイトマーク**が表示されている。

答8 ×

関節リウマチの人には関節に**負担**をかけないことを指導する。長柄ブラシやループ付きタオルの使用や、座面の高いいすを勧める。

Lesson 80 QOL を高める支援

合理的配慮とは障害者の人権を確保するための、必要な変更及び調整のことである。

2021（令和 3）年に障害者差別解消法が改正され、民間事業者の合理的配慮が努力義務となった。

現在のバリアフリーは、物理的障壁の除去に特化した理念となっている。

バリアフリー新法は、ノーマライゼーションなどの理念を踏まえて制定されたものである。

ユニバーサルデザインの 7 原則は、「こころのバリアフリー宣言」に基づいている。

身体障害者福祉法で規定する身体障害者は、身体障害者手帳の交付を受けたものに限られる。

日常生活自立支援事業では、福祉サービスやお金の使い方の支援を行う。

療育手帳の判定は、原則として 18 歳未満は児童相談所で受けなければならない。

答1 ○

「障害者の権利に関する条約」で初めて導入された概念が合理的配慮である。障害者の人権と基本的自由を確保するための必要かつ適当な変更及び調整のことである。

答2 ×

2021（令和3）年に障害者差別解消法が改正され、民間事業者の合理的配慮は努力義務ではなく、法的義務となることが定められた（2024〔令和6〕年4月に施行）。

答3 ×

現在のバリアフリーは、すべての人の社会参加を困難にしている物理的、社会的、制度的、心理的なすべての障壁の除去という意味で用いられている。

答4 ○

バリアフリー新法は、ノーマライゼーションやユニバーサルデザインなどの理念を踏まえて、制定されたものである。

答5 ×

「こころのバリアフリー宣言」は精神疾患の正しい理解の促進を目指しており、ユニバーサルデザインは障害の有無にかかわらず、誰にでも使いやすいことを目指す。

答6 ○

身体障害者福祉法で規定する身体障害者とは、都道府県知事から身体障害者手帳の交付を受けた18歳以上の者と定義されている。

答7 ○

日常生活自立支援事業とは、高齢や障害により、一人でお金の管理や福祉サービスの利用手続きに不安がある場合に、専門員や生活支援員がサポートする事業である。

答8 ○

療育手帳は、原則として18歳未満は児童相談所で判定を受け、都道府県知事及び指定都市・中核市の市長が交付することになっている。

Lesson 81 連携と家族支援①

発達障害者支援センターの指定は、市町村長が行う。

障害者支援では、世代関係がみえるエコマップが活用できる。

ジェノグラムは、家族構成や関係を示す利用者支援のためのアセスメントツールである。

CRAFT モデルとは、利用者へのアプローチ法を家族が学ぶ教室のことである。

ペアレント・メンターとは、発達障害の子育て経験のある親が相談支援を行うことである。

先天性障害児の親は、わが子の障害を受け入れることが難しい。

レスパイトケアの目的は、利用者の身体的安静を確保することである。

厚生労働省は 2020（令和 2）年にヤングケアラー支援法を制定している。

答1 ×

発達障害者支援センターの指定は、**都道府県知事**が行うものであり、発達障害者に対する就労支援などの業務を取り扱っている。

答2 ×

世代関係がみえるのは**ジェノグラム**（**家系図**）で、**エコマップ**では社会関係がみえる。

答3 ○

ジェノグラムは、利用者を中心とした**3**世代以上の家族、親族関係を図式化している。

答4 ○

CRAFTモデルとは、利用者へのアプローチ法を学ぶための、親や配偶者、友人など周囲の人に対する**コミュニケーション強化**・**家族トレーニング**教室のことである。

答5 ○

ペアレント・メンターとは、**発達**障害児等の子育て経験のある親が、一定のトレーニングを受けた後、親の立場から共感に基づく**相談**支援を行うことである。

答6 ○

先天性障害児の場合、親がわが子の障害を**受け入れる**ことが難しいため、子どもの**障害**を冷静に受け止め、積極的に**療育**に関わることができるよう支援していく。

答7 ×

レスパイトケアは、**家族介護者**の介護疲労を軽減するために、**休息**を提供することを目的に実施するものである。

答8 ×

2023（令和5）年12月、政府が支援対象として法律に明記する方針を定めたがまだ法制化していない。なお、2020（令和2）年に**埼玉県ケアラー支援条例**が成立した。

Lesson 81 連携と家族支援②

フォーマルな社会資源として、民生委員の活動がある。

障害者総合支援法で定める協議会では、地域の実情に応じた支援の整備について議論を行う。

協議会の機能は、情報機能、調整機能、開発機能、教育機能の４つである。

協議会は､地域のサービス基盤の整備を行うため、各専門職だけで構成される。

相談支援専門員は、利用者の意向をもとに介護サービス計画を作成する。

相談支援専門員は、基幹相談支援センターや事業所で働く。

職場適応援助者（ジョブコーチ）は、障害者総合支援法に基づく対応である。

地域生活支援拠点は、地域の実情に応じ、多機能拠点整備型と面的整備型がある。

答1 ○

民生委員は、厚生労働大臣から委嘱され、**地域**住民の立場に立って、**相談**・援助を行っている。児童委員も兼ねている。

答2 ○

協議会とは、地域の実情に応じて体制整備を行うところであるため、**都道府県**、**市区町村**で単独または共同して設置することが求められている。

答3 ×

協議会の機能は**6**つあり、**情報**機能、**調整**機能、**開発**機能、**教育**機能、**権利擁護**機能、**評価**機能である。

答4 ×

協議会は、当事者の意見が反映していくことを重視しているので、専門職だけでなく**障害者**及び**家族**も含めて議論していく。

答5 ×

地域でのサポート体制の中心的役割を担う**相談支援専門員**は、利用者の意向をもとに**サービス等利用計画書**を作成し、サービス担当者会議を開催する。

答6 ○

基幹相談支援センターの職員には、**相談支援専門員**、社会福祉士、精神保健福祉士、保健師等が配置される。

答7 ×

職場適応援助者（ジョブコーチ）は、**障害者雇用促進法**に基づく対応であり、職場に出向き専門的な支援を行い、職場適応、定着を図る。

答8 ○

地域生活支援拠点は、障害者の重度化や高齢化、**親亡き後**に備えたり、緊急事態への対応のために**地域**で支える サポート体制である。

表で

◎重要ポイントをまとめてチェック！

■高次脳機能障害の主な症状

遂行機能障害	自分で日常生活や仕事について計画を立てても実行できない。
社会的行動障害	依存傾向や固執性などがある。
注意障害	同時に２つ以上のことをしようとすると混乱する。
半側空間無視	患側の空間に注意を欠き、転倒しやすい。

■代表的な難病の種類とその特徴

パーキンソン病	４大運動症状として、振戦、無動、固縮、姿勢反射障害がみられる。
筋萎縮性側索硬化症(きんいしゅくせいそくさくこうかしょう)(ALS)	症状は進行性であり、数年で四肢麻痺(ししまひ)、摂食障害、呼吸麻痺になるが、知覚神経や記憶力は維持される。
脊髄小脳変性症(せきずいしょうのうへんせいしょう)	運動失調の症状には、歩行時のふらつき、手がうまく使えない、呂律(ろれつ)がまわらない、がある。

■代表的な適応機制の種類とその特徴

合理化	自己の矛盾や不満などの欲求に対し、適当な理由をつけて正当化しようとする。
抑圧	苦痛な感情や記憶、満たされない欲求などを、意識にのぼらせないように無意識に心の中に抑え込んでしまう。
投影	望ましくない自己の欠点や感情、欲求等を他人に転嫁・帰属させ、不安を解消しようとする。
反動形成	満たされない抑圧された欲求や願望に対し、それとは正反対の行動・態度を表出する。
補償	ある事柄に対し自己の欠点や劣等感を抱いている場合に、他の事柄で優位に立つことで、自己の欠点や劣等感を補おうとする。
退行	以前の発達段階へと戻り、早期の未熟な段階の適応をすることで、安易な解決を図る。
逃避	不安や葛藤(かっとう)などの緊張状態を避けることで、解決を図る。

12章 医療的ケア

Q&A

この科目は、介護福祉士が行うことができる喀痰吸引と経管栄養の方法を中心に学習していきます。よって、喀痰吸引と経管栄養の具体的な方法や留意点をしっかりと覚えていきます。呼吸や消化のメカニズムや緊急時の対応、医療職との連携の仕方についても理解しておきましょう。

Lesson 82 医療的ケア実施の基礎

医行為とは医療行為のことで、病院で働く専門職のすべての行為を指す。

生活のなかで経管栄養や痰の吸引などの医療的ケアを必要とする子どものことを、「医療的ケア児」という。

喀痰吸引や経管栄養は、介護福祉士等が行うことが可能となり、医師の指示はいらない。

長期療養で気管切開を受けている者の場合、自力で気道内の分泌物を喀出できないことが多い。

介護職が行う口腔内の喀痰吸引や鼻腔内の喀痰吸引の範囲は、気管の手前である。

一度、滅菌した物品は、開封しなければ有効期限はない。

喀痰吸引や経管栄養を実施する時は、石鹸と流水で手を洗う。

経鼻経管栄養の実施時は、栄養チューブが胃の内部に挿入されていることを、医療職が確認していることを要件とする。

答1 ×

医行為とは、**医師**が**医学的判断**と**技術**をもって行うのでなければ人体に危害を及ぼし、または危害を及ぼす恐れのある行為をいう。

答2 ○

新生児医療の発達により、超未熟児や先天的な疾病を持つ子どもの命を救えるようになったため、医療的ケアを日常的に必要とする**医療的ケア児**が増えている。

答3 ×

喀痰吸引や経管栄養は、一定の研修を受けた介護福祉士等が行うことが可能となったが、現在でも**医行為**であり、**医師の指示**のもとに行われるものである。

答4 ○

長期療養で気管切開や気管挿管を受けている者の場合、自力で気道内の分泌物を**喀出**できないことが多く、**気道確保**のために痰(たん)の**吸引**が必要である。

答5 ×

介護職が行う口腔内の喀痰吸引や鼻腔内の喀痰吸引の範囲は、「**咽頭の手前**まで」である。

答6 ×

滅菌とは**すべて**の微生物を死滅させることである。滅菌物には必ず**有効期限**を設定しているが、**開封**している物は汚染しているとみなす。

答7 ○

医療的ケアの実施前と実施後は、必ず、**石鹸**と**流水**で手を洗い清潔を心がける。

答8 ○

栄養チューブが胃の内部に正確に挿入されていないと、**誤嚥性肺炎**(ごえんせいはいえん)や**窒息**の危険性があるため、医療職による毎回の確認が必要である。

Lesson 83 安全な療養生活と健康状態の把握

医療的ケアを安全に実施するためには、リスクマネジメントを徹底することが重要である。

ヒヤリ・ハットとは、アクシデント（事故）が起きたときに「ヒヤリ」としたり「ハッ」とした感情のことをいう。

ガス交換は、肺胞に運ばれた空気と血液の間で行われる。

スタンダード・プリコーション（標準予防策）とは、感染症の人に対する予防策のことである。

パルスオキシメータは、静脈血の酸素飽和度を測定する医療機器で、健康な人の基準値は80～100％である。

人工呼吸器を装着している場合には、停電などの緊急時にも対応できるよう、あらかじめバッテリー内蔵の吸引器などを準備しておく。

呼吸運動は、主に大胸筋と小胸筋で行われる。

気管粘膜のせん毛は、感染防御の役割を果たす。

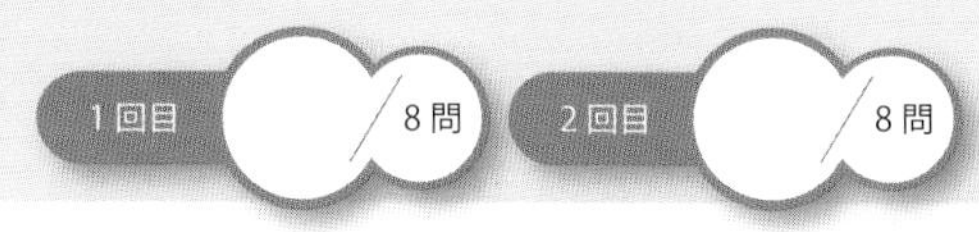

答1 ○
リスクマネジメントは、予測可能な問題の発生を防いだり、発生した問題に対応する体制整備を図ったりすることによって、リスクを回避または軽減することである。

答2 ×
ヒヤリ・ハット(インシデント)とは、アクシデント(事故)には至らなかったものの危険な状況のことで、「ヒヤリ」としたり「ハッ」とした事例のことをいう。

答3 ○
ガス交換とは、肺胞に運ばれた空気と血液の間で、酸素を取り込み、二酸化炭素を排出することをいう。

答4 ×
スタンダード・プリコーション(標準予防策)とは、感染症の有無にかかわらず、血液や体液(汗を除く)、痰(たん)や唾液、排泄物(はいせつぶつ)を感染源とみなし、対応することである。

答5 ×
パルスオキシメータは、経皮的に動脈血の酸素飽和度(血液中の酸素濃度)と脈拍を測定する医療機器で、健康な人の酸素飽和度の基準値は95～100%である。

答6 ○
停電などの緊急時にも対応できるよう、バッテリー内蔵の吸引器または手動式や足踏み式の吸引器を備えておくことが望ましい。

答7 ×
肺は自分の力で拡張したり収縮することができないため、主に横隔膜と肋間筋で呼吸運動を行っている。正常な呼吸は1分間に12～18回で、一定のリズムである。

答8 ○
気道に侵入してきた異物や細菌は、粘液がとらえ、それをせん毛運動によって、口腔(こうくう)の方へ運び出している。気道が乾燥しているとせん毛の動きが弱まる。

Lesson 84

喀痰吸引の実施手順と留意点

喀痰吸引を行う際の説明は、吸引のたびに行う。

痰を吸引する際、あらかじめ体位ドレナージを行うと有効な排痰ができなくなる。

気管カニューレ内部の吸引時の、吸引チューブ挿入範囲は気管分岐部までである。

吸引物の量を測定するため、吸引びんの排液は1日1回破棄する。

気管カニューレ内部の吸引時間が長くかかった場合には、動脈血酸素飽和度を測定する。

喀痰吸引をする際は、口腔・鼻腔内の観察やバイタルサインを確認するだけでなく、吸引した痰の性状も確認する必要がある。

食事や入浴の介護の際、食後、入浴後などはケアによって痰が増加する。

気管カニューレ内部の吸引では、滅菌された洗浄水を使用する。

答1 ○

吸引は苦痛を伴う援助であるため、吸引のたびに丁寧な説明を行い、苦痛が少なくなるように姿勢を整えたり安心する声かけを行う。

答2 ×

体位ドレナージは、様々な体位に移動することによって、効率的に痰の喀出を促進する方法であり、吸引前に行うことは効果的である。

答3 ×

気管カニューレからの吸引は、気管の迷走神経を刺激する恐れがあるため、チューブ挿入範囲は、気管カニューレ先端まで（気管カニューレ内部のみ）である。

答4 ×

吸引物は感染源になるため、吸引物が吸引びんの70～80%になる前に破棄し、洗浄、消毒を行う。

答5 ○

気管カニューレ内部の吸引が長くかかった場合には、低酸素状態になっている可能性があるため、パルスオキシメータで動脈血酸素飽和度を測定する。

答6 ○

感染症への罹患（りかん）、体内での出血などがみられる場合には、痰の色、粘性、匂いなどに変化が現れるため、吸引した痰の性状も確認する必要がある。

答7 ○

ケアの後に痰が増加する可能性が高いのは、食後、入浴後、体位変換後なので、十分に観察する必要がある。

答8 ○

気管カニューレ内部の吸引時は、感染の恐れがあるため、無菌操作を行い、滅菌洗浄水を使用する。

Lesson 85 経管栄養の実施手順と留意点

栄養剤の注入後には、チューブ内の付着物を流すため白湯を注入する。

座位で経管栄養を行っている場合には、疲れるため食事後はすぐに水平に臥床させることが望ましい。

経管栄養を行う場合は、経口摂取をしないので口腔内の細菌は減少する。

腸ろうによる経管栄養では、イルリガートル（注入ボトル）は、注入部位よりも50cm程度低い位置に吊るす。

胃ろうのある人は、入浴をすることはできない。

胃ろうからの経管栄養食の投与は、胃食道逆流の恐れがある。

問 7

イルリガートル（注入ボトル）やチューブ等は使用後、洗浄し次亜塩素酸ナトリウム液で消毒する。

半固形タイプの栄養剤は仰臥位で注入する。

答1 ○

栄養剤がチューブ内に付着していると、**つまり**や閉塞の原因になり、また、**腐敗**や雑菌の発生につながる。

答2 ×

経管栄養での食事終了後は、**逆流防止**のため、30分～1時間程度は**ファーラー**位（**半座**位）を保持することが望ましい。

答3 ×

経口摂取を行わなくなると、**唾液**による口腔内の**自浄作用**が低下し、細菌が**増加**しやすい環境になるため、こまめな**口腔ケア**が必要である。

答4 ×

経鼻、胃ろう・腸ろうのいずれもイルリガートルは、注入部位よりも**50**cm程度**高**い位置に吊るすことが基本である。

答5 ×

胃ろうを造設していても**入浴できる**。清潔を保持するためにも入浴し、栄養チューブ挿入周囲が汚れていたら、ぬるま湯で湿した**ガーゼ**で拭き取る。

答6 ○

胃ろうからの経管栄養食の投与は、**胃食道逆流**の恐れがあり、**誤嚥性肺炎**（ごえんせいはいえん）を生じる要因にもなる。

答7 ○

使用した物品はすべて、中性洗剤で**洗浄**し、流水ですすぎ、希釈した**次亜塩素酸ナトリウム液**に浸して消毒する。

答8 ×

半固形タイプの栄養剤も液体の栄養剤と同様に、上半身を**30**～**45**度起こす。半固形タイプは食道への**逆流**の**予防**や腸の蠕動（ぜんどう）の改善が期待できる。

Lesson 86 緊急時の対応

喀痰吸引(かくたんきゅういん)時、痰(たん)が取りきれない場合はチューブを太くする。

鼻腔内吸引(びくうないきゅういん)時、分泌物に血液が混じっていたら、血液を取りきるまで吸引を行う。

経管栄養中に利用者が嘔吐(おうと)した場合は、介護者が栄養剤の速度を速めて早く終わらせる。

経管栄養の注入速度が速かったり、栄養剤の温度が低いと下痢を起こすことがある。

胸骨圧迫は、1分間に60回のテンポで行う。

人工呼吸を行う場合は、胸骨圧迫30回と人工呼吸2回の組合わせで行う。

未就学の小児に対してAED（自動体外式除細動器)を使用する場合、小児用パッドがなければ行ってはならない。

喉に詰まらせた場合、背中を叩いて吐き出させる方法を、ハイムリック法という。

答1 ×

吸引チューブの太さ、吸引圧、吸引持続時間は、**医師の指示書**に従わなければならないので、介護者の判断で変えてはいけない。

答2 ×

喀痰吸引（かくたんきゅういん）（口腔（こうくう）、鼻腔（びくう）、気管）時に血液の混入を見つけたら、吸引を**中止**し、すぐに医療職に**報告**・相談する。

答3 ×

嘔吐時は経管栄養を中止し、誤嚥を防ぐため**顔**を**横**に向けて、すぐに**看護**職を呼ぶ。**医師**の指示のもとに行っているので、栄養剤の量、速度は勝手に変えてはいけない。

答4 ○

栄養剤の注入速度が速かったり、温度が低いと、腸管を刺激して**下痢**になりやすい。

答5 ×

胸骨圧迫は、1分間に**100**～**120**回のテンポで絶え間なく行う。

答6 ○

救助者が人工呼吸の訓練を受けており、それを行う**技術**と**意思**がある場合には、胸骨圧迫と人工呼吸を**30**：**2**の比で行う。

答7 ×

未就学の小児に対してAEDを使用する場合には、**小児**用パッドを用いることが基本であるが、小児用パッドがない場合は、**成人**用パッドで代用する。

答8 ×

背中を叩いて吐き出させる方法は**背部叩打法**（こうだ）である。ハイムリック法（腹部突き上げ法）は、背後から手をまわして**上腹部**を圧迫して吐き出させる方法である。

表で
◎重要ポイントを まとめてチェック！

■喀痰吸引実施上の主な留意点

- 吸引前に体位ドレナージを行うことによって、効率的に痰の喀出を促すことができる。
- 気管カニューレ内部の吸引では、決められた吸引圧や吸引時間を守るほか、吸引チューブは一箇所に留めておかず、回したり、ずらしたりする。
- 吸引時には、プラスティック手袋を着用することや、吸引は無菌操作で行うことなど、感染予防を徹底する。
- 室内が乾燥すると、気管切開部に細菌やほこりが付着しやすくなるので、こまめに湿度を調整する。

■胃ろうによる経管栄養実施上の主な留意点

- 胃食道逆流の恐れがあり、誤嚥性肺炎を生じる要因にもなるため、ファーラー位（半座位）にするなど、姿勢を整えてから開始する。
- 経管栄養が終わってからすぐに口腔ケアを行うと、その刺激によって、嘔吐や嘔吐物を誤嚥する恐れがあるのでケアのタイミングに注意する。
- カテーテルの自然抜去、自己抜去、脱落といった事故に注意しなければならない。
- カテーテルを抜去し、時間がたってしまうと、ろう孔が閉鎖してしまうため、カテーテルの抜去を発見した場合には、速やかに主治医などの医療職に報告する対応が必要となる。

■救命の連鎖

①心停止の予防　②早期認識と通報　③一次救命処置 (CPR と AED)
④二次救命処置と心拍再開後の集中治療

■心肺蘇生法のポイント

- 意識がないが呼吸がある場合は、気道を確保し、救急隊員の到着を待つ。
- 心肺蘇生法は、胸骨圧迫から開始する。
- 胸骨圧迫は、1分間に100～120回のテンポで絶え間なく行う。
- 人工呼吸を行う場合は、胸骨圧迫と人工呼吸を30：2の比で行う。
- 未就学の小児に対してAEDを使用する場合に、小児用パッドがないときは、成人用パッドで代用する。

監修：亀山幸吉
淑徳大学短期大学部名誉教授、元介護福祉士試験委員。日本介護福祉学会理事、東京都介護福祉士現任研修運営委員、社会福祉士試験委員等を歴任。

改訂執筆代表
領域Ⅰ：**島﨑将臣**　神戸女子大学健康福祉学部社会福祉学科助手
領域Ⅱ：**齋藤真木**　松本短期大学介護福祉学科専任講師
領域Ⅲ・Ⅳ：**長谷川美貴子**　淑徳大学人文学部人間科学科教授

編著：コンデックス情報研究所
1990年6月設立。法律・福祉・技術・教育分野において、書籍の企画・執筆・編集、大学および通信教育機関との共同教材開発を行っている研究者・実務家・編集者のグループ。

本書の正誤情報等は、下記のアドレスでご確認ください。
http://www.s-henshu.info/kfii2404/

上記掲載以外の箇所で、正誤についてお気づきの場合は、**書名・発行日・質問事項（該当ページ・行数・問題番号**などと**誤りだと思う理由）・氏名・連絡先**を明記のうえ、お問い合わせください。

・web からのお問い合わせ：上記アドレス内【正誤情報】へ
・郵便または FAX でのお問い合わせ：下記住所または FAX 番号へ

※電話でのお問い合わせはお受けできません。

［宛先］コンデックス情報研究所
「スピードチェック！ 介護福祉士 一問一答問題集 '25 年版」係
住所：〒 359-0042 所沢市並木 3-1-9
FAX 番号：04-2995-4362（10:00 〜 17:00 土日祝日を除く）

※本書の正誤以外に関するご質問にはお答えいたしかねます。また受験指導などは行っておりません。
※ご質問の受付期限は、2025 年 1 月の試験日の 10 日前必着といたします。
※回答日時の指定はできません。また、ご質問の内容によっては回答まで 10 日前後お時間をいただく場合があります。
あらかじめご了承ください。

スピードチェック！ 介護福祉士一問一答問題集 '25年版

2024年 6 月10日発行

監　修　亀山幸吉（かめやまこうきち）
編　著　コンデックス情報研究所（じょうほうけんきゅうしょ）
発行者　深見公子
発行所　成美堂出版
〒162-8445　東京都新宿区新小川町1-7
電話(03)5206-8151　FAX(03)5206-8159
印　刷　株式会社フクイン

ISBN978-4-415-23861-6